SAMMLUNG GÖSCHEN BAND 972

VERGLEICHENDE PHYSIOLOGIE DER TIERE

Von

Dr. Konrad Herter

o. Professor für Zoologie an der Humboldt-Universität zu Berlin

Dritte Auflage der „Tierphysiologie“

I

Stoff- und Energiewechsel

Mit 64 Abbildungen

Walter de Gruyter & Co.

vormals G. J. Göschen'sche Verlagshandlung J. Guttentag, Verlagsbuchhandlung
Georg Reimer Karl J. Trübner Veit & Comp.

Berlin 1950

Archiv-Nr. 110 972
Druck: Bonner Universitäts-Buchdruckerei Gebr. Scheur G.m.b.H., Bonn
Printed in Germany

Inhalt

Literatur

Werke, in denen der Stoff- und Energiewechsel der Tiere behandelt wird:

Brücke, E. v.: Der Säugetierorganismus und seine Leistungen. Reclam Nr. 22 und 23. Leipzig 1914.

Buddenbrock, W. v.: Grundriß der vergleichenden Physiologie. Teil II, 2. Aufl., Berlin 1939.

Claus-Grobben-Kühn: Lehrbuch der Zoologie, Berlin und Wien 1932.

Harms, J. W.: Zoobiologie für Mediziner und Landwirte. Jena 1946.

Hartmann, M.: Allgemeine Biologie. 3. Auflage. Jena 1947.

Heidermanns, C.: Grundzüge der Tierphysiologie. Jena 1933.

Hesse, R.: Der Tierkörper als selbständiger Organismus. (Hesse-Doflein: Tierbau und Tierleben I.) 2. Aufl. Jena 1935.

Jordan, H. J.: Vergleichende Physiologie wirbelloser Tiere. Bd. I: Ernährung. Jena 1913.

Jordan, H. J.: Allgemeine vergleichende Physiologie der Tiere. Berlin und Leipzig 1926.

Jordan, H. J.: Übungen aus der vergleichenden Physiologie. Berlin 1927.

Krüger, P.: Tierphysiologische Übungen. Berlin 1926.

Kühn, A.: Anleitung zu tierphysiologischen Grundversuchen. Leipzig 1917.

Kühn, A.: Grundriß d. allgemeinen Zoologie. 9. Aufl. Wiesbaden 1946.

Schlieper, C.: Praktikum der Zoophysiologie. Jena 1940.

Steche, O.: Grundriß der Zoologie. Leipzig 1919.

Stempell, W.: Zoologie im Grundriß. 2. Aufl., Berlin 1935.

Stempell, W., und A. Koch: Elemente der Tierphysiologie. 2. Aufl., Jena 1923.

A. EINLEITUNG

Die Tierphysiologie ist die Lehre von den Leistungen des Tierkörpers und seiner Organe. Sie hat die Aufgabe, die Vorgänge, die sich in tierischen Organismen abspielen, zu erklären. Sie muß versuchen, die biologischen Prozesse, die Äußerungen des „Lebens", die sich an Tieren beobachten lassen, auf physikalisch-chemische Vorgänge zurückzuführen. Zu diesem Zwecke ist es nötig, den Tierkörper als einen nach physikalisch-chemischen Gesetzen arbeitenden Mechanismus zu betrachten, allerdings als einen Mechanismus, der so kunstvoll und kompliziert gebaut ist, daß die feinsten Präzisionsinstrumente des Physikers oder die Apparatur eines noch so vollkommen eingerichteten chemischen Laboratoriums nur als grobe Vergleiche herangezogen werden können.

Zum Verständnis der Wirkungsweise eines Mechanismus ist es unbedingt nötig, sich dessen Aufbau klar zu machen. Das gleiche gilt in vielleicht noch höherem Maße für den tierischen Organismus. Zum Verständnis der Leistungen des Tierkörpers und seiner Organe ist die Kenntnis des Baues des Tieres und seiner Teile Voraussetzung: D i e M o r p h o l o g i e i s t d i e G r u n d l a g e d e r P h y s i o l o g i e. Bevor wir also die physikalisch-chemischen Gesetzmäßigkeiten, nach denen eine tierische Leistung sich vollzieht, zu erforschen suchen, müssen wir den anatomischen Bau des betreffenden Tieres und seiner Organe kennen. Diese Kenntnis hat sich nicht nur auf die F o r m des zu untersuchenden Tieres oder Organs zu erstrecken, sondern sie muß auch die feinere Beschaffenheit, die S t r u k t u r (Histologie und Cytologie) und den c h e m i s c h e n A u f b a u (Chemismus) der tierischen Substanz umfassen. Sehr nah miteinander verwandte Tierformen (etwa „Rassen" einer Art) können sich physiologisch verschieden verhalten. Der Tierphysiologe muß daher seine Untersuchungsobjekte genau systematisch einordnen („bestimmen").

Die Aufgabe der Tierphysiologie ist es, Lebensvorgänge zu erklären. Dazu muß man sich zunächst den Begriff des „Lebens" klarmachen. Man kann das Leben nicht eindeutig definieren. Wir können nur einige Kennzeichen anführen, die für das Leben charakteristisch sind. Jeder Lebensvorgang ist an Stoffe von verwickelter chemischer Zusammensetzung gebunden. Diese Stoffe, deren chemische Natur bisher nur unvollständig bekannt ist, bezeichnet man mit dem Sammelnamen Protoplasma oder kurz Plasma. Eine Eigenart des Plasmas ist die Fähigkeit, Stoffe aus der Umgebung aufnehmen zu können. Diese können durch seinen Einfluß in bestimmter Weise verändert werden. Sie werden dann zum Teil vom Plasma wieder ausgeschieden. Die tierische Substanz ist in ihrer Zusammensetzung nicht konstant, es findet ein steter Wechsel zwischen den Stoffen, die ihre Bausteine bilden, statt; das lebende Plasma, und damit auch die aus ihm aufgebauten Gewebe und Organe, also das Tier, hat einen Stoffwechsel.

Die aufgenommenen Stoffe — es handelt sich meist um hochkompliziert zusammengesetzte chemische Verbindungen — führen dem Plasma Energie zu (in Form potentieller chemischer Energie). Diese wird durch das lebende Plasma umgeformt und zum Teil wieder abgegeben. Es findet ein Energiewechsel statt.

Die vom Organismus abgegebene Energie kann in verschiedener Form in Erscheinung treten. Sie kann sich als chemische Energie, Wärme, Elektrizität, Licht oder Bewegung äußern. Die auffälligste Art der Energieabgabe besteht in Bewegungsvorgängen, so daß diese auch vielfach als Kriterium für das Leben benutzt werden.

Die lebende Substanz hat die Eigenschaft, durch physikalisch-chemische Vorgänge, die ihr Energie zuführen oder entziehen, verändert zu werden, was in einer Veränderung des Stoff- und Energiewechsels zum Ausdruck kommen kann. Der Organismus antwortet auf Änderungen in seiner energetischen Situation: er ist reizbar.

Man kann demnach als Grundkennzeichen des lebenden Organismus dreierlei angeben:

1. Stoff- und Energiewechsel,
2. Bewegungsfähigkeit oder Motilität,
3. Reizbarkeit oder Irritabilität.

Eine scharfe Trennung dieser drei Eigenschaften ist nicht möglich, da sie sich gegenseitig bedingen und beeinflussen. Aus methodischen Gründen ist es erforderlich, den umfangreichen Stoff unterzuteilen, da sonst eine übersichtliche Darstellung nicht möglich ist. Als Prinzip der Einteilung wählt man im allgemeinen diese drei Grundkennzeichen der lebenden Substanz und gliedert die Tierphysiologie in drei Teile, die man wie folgt bezeichnen kann:

Physiologie des Stoff- und Energiewechsels,

Physiologie der Bewegung,

Physiologie der Reizerscheinungen.

Im folgenden soll der Stoff- und Energiewechsel der Tiere behandelt werden. Die Physiologie der Bewegung und der Reizerscheinungen ist Gegenstand eines zweiten Bändchens dieser Sammlung[1]).

B. STOFF- UND ENERGIEWECHSEL

Zum Verständnis der Vorgänge, die sich im lebenden Tier abspielen, ist es nötig, die chemische Zusammensetzung des Tierkörpers zu kennen.

I. Die Baustoffe des tierischen Körpers

Früher nahm man an, daß die Stoffe, die den Tier- und Pflanzenkörper aufbauen, gegenüber den sonstigen Substanzen, die in der unbelebten Natur vorkommen, eine Sonderstellung einnehmen. Man glaubte, daß die organischen Verbindungen nur unter dem Einfluß einer uns unbekannten „Lebenskraft" entstehen könnten. Durch die Fortschritte der chemischen Wissenschaft, namentlich durch die synthetische Darstellung einer dieser Verbindungen, des Harnstoffes (1828),

[1]) Herter, K.: Vergleichende Physiologie der Tiere. II: Bewegung und Reizerscheinungen. Sammlung Göschen Nr. 973.

ist man jedoch zu der Erkenntnis gekommen, daß die sogenannten organischen Stoffe aus denselben chemischen Elementen bestehen, die auch in der unbelebten Natur vorkommen. Diese Elemente sind zu hochkomplizierten Verbindungen zusammengeschlossen, die vielfach noch den feinsten chemischen Analysemethoden unzugänglich sind. Es liegt jedoch kein Grund vor, einen besonderen mystischen Faktor, eine „Lebenskraft", für ihr Zustandekommen anzunehmen.

Diese Stoffe sind in den morphologischen Bausteinen des Organismus, den Zellen, in mannigfachen Verbindungen und Vermischungen vorhanden und können hier eine fast unendliche Fülle verschiedener Kombinationen bilden, die vielfach so unbeständig sind, daß sie durch den leisesten künstlichen Eingriff auseinanderfallen. Es darf uns daher nicht wundern, daß trotz der ungeheuren Fortschritte, die die Biochemie in letzter Zeit gemacht hat, unsere Kenntnisse auf diesem Gebiet noch viele Lücken aufweisen.

a) Die chemischen Elemente des Tierkörpers

In erster Linie ist hier der Kohlenstoff (C) zu nennen. Er stellt den wesentlichsten Bestandteil der sogenannten organischen Körper dar; das, was wir als organische Chemie oder Biochemie bezeichnen, ist ja die Lehre von den Kohlenstoffverbindungen. Auch quantitativ ist er von großer Bedeutung, da er etwa die Hälfte der Trockensubstanz des Tierkörpers ausmacht. In anorganischen Verbindungen findet er sich in vielen Salzen des Tierkörpers und in der Kohlensäure (CO_2) als Abbauprodukt des Stoffwechsels.

Sauerstoff (O) und Wasserstoff (H) können frei im Tierkörper vorkommen. Auch sie sind an dem Aufbau der organischen Verbindungen beteiligt und finden sich in vielen lebenswichtigen Salzen. Vor allem setzen sie aber das Wasser (H_2O) zusammen, auf dessen außerordentliche Bedeutung im organischen Geschehen wir noch zu sprechen kommen (s. S. 10). Der Sauerstoff nimmt als Atemgas eine wichtige Sonderstellung ein (s. S. 77 ff.). Wasserstoff kann auch als Abbauprodukt des Stoffwechsels (Zersetzungsprozesse im Darm) in Erscheinung treten.

Ein weiteres Element, das als Gas in der Luft vorkommt und auch frei im Blut auftreten kann, ist der Stickstoff (N). Er ist ein charakteristischer Bestandteil der Eiweißkörper, wodurch er für den tierischen Organismus besondere Bedeutung erlangt. Auch in den Produkten des Eiweißabbaues spielen stickstoffhaltige Körper, z. B. Ammoniak (HN_3) und Harnstoff ($CO(NH_2)_2$), eine wichtige Rolle.

Andere chemische Elemente kommen im Tierkörper nur in Verbindungen vor, und zwar sind die wichtigsten: Schwefel (S), der sich im Eiweiß, in Salzen und als Schwefelsäure (H_2SO_4) findet, Phosphor (P), der ebenfalls in Eiweißstoffen, außerdem aber noch in Salzen vorkommt, Eisen (Fe), das einen wichtigen Bestandteil des roten Blutfarbstoffes, des Hämoglobins (s. S. 105) und der Zellatmungsfermente (s. S. 28, 36 und 78) bildet und Chlor (Cl), Kalium (K), Natrium (Na), Magnesium (Mg), Calcium (Ca), die in Salzen in verschiedenen Geweben auftreten können.

Diese 12 Elemente treten regelmäßig im tierischen Organismus auf. Daneben können aber gelegentlich noch andere Grundstoffe vorkommen. Die Skelette mancher Tiere (z. B. Radiolarien und Schwämme) enthalten Silizium (Si) als Kieselsäureanhydrid (SiO_2). Auch in Haaren und Federn sowie im Harn von Grasfressern kommt es vor. Fluor (F) bildet im Fluorcalcium (CaF_2) einen Bestandteil der Zähne und Knochen; die Statolithen des Krebses *Mysis* enthalten diesen Stoff. Jod (J), das von manchen Seetieren gespeichert wird, enthält das Meerwasser. Außerdem kommt eine jodhaltige Eiweißverbindung (Thyroxin) in den Schilddrüsen der Wirbeltiere vor (s. S. 122). Brom (Br) ist in Tierkörpern nachgewiesen; der Farbstoff der Purpurschnecke ist Dibromindigo. Mangan (Mn) tritt als Begleiter des Eisens in verschiedenen tierischen Flüssigkeiten und Geweben auf, so im Blut, in der Galle, im Harn, in Haaren und Knochen. Arsen (As) enthalten in sehr geringen Mengen die Haare und die Haut der Tiere. Die Salze von Aluminium (Al), Lithium (Li), Blei (Pb) und Zink (Zn) kommen in vielen Pflanzen vor (z. B. Li im Tabak und der Runkelrübe) und können dadurch in die Körpersubstanz pflanzenfressender Tiere gelangen. Im Skelett von Radiolarien findet man Strontium (Sr) in Form von Strontiumsulfat ($SrSO_4$). Im Blut mancher Wirbellosen vertritt das Kupfer (Cu) das Eisen (s. S. 109). Einige dieser Elemente treten in manchen Tieren oder Organen nur in ganz geringen Spuren auf, sind aber trotzdem notwendig. Dies scheint vor allem für Eisen, Kupfer, Mangan und Jod zu gelten; z. B. scheinen bei den Säugetieren geringe Cu-Mengen für die Hämoglobinbildung nötig zu sein. Auch noch andere Elemente können sich im Tierkörper gelegentlich vorfinden; doch mag diese Aufzählung genügen.

Nur wenige dieser Stoffe treten als Elemente frei im Organismus auf. Die meisten kommen dort nur oder vorwiegend in mehr oder weniger komplizierten Verbindungen vor.

b) Die Hauptverbindungen des Tierkörpers

lassen sich in zwei große Gruppen, die anorganischen und die organischen, scheiden.

1. Die anorganischen Verbindungen

Unter ihnen dürfte dem Wasser (H_2O) die größte Bedeutung zukommen. Ein Leben ganz ohne Wasser ist nicht möglich. Im Tierkörper kommt das Wasser teils chemisch gebunden, teils frei als Lösungsmittel für andere Stoffe vor. Im allgemeinen enthält das Plasma 70 bis 90 % Wasser, jedoch können die Werte je nach den Tier- und Gewebearten und nach besonderen Umständen in weiten Grenzen schwanken.

Für Säugetiere, deren durchschnittlichen Wassergehalt man mit etwa 70 % annehmen darf, hat man für verschiedene Gewebearten folgende Werte ermittelt:

Graue Hirnsubstanz	82 %
Blut	79 %
Muskeln	75 %
Fettgewebe	14 %
Einzelne Knochen	5 %

Bei einigen Wirbellosen steigen die Werte ganz bedeutend an, so in den Geweben der Mollusken bis zu 88 und 90 %

und bei den Discomedusen bis zu 98 %. Als die wasserreichsten Tiere gelten die Rippenquallen, die über 99 % Wasser enthalten können.

Trotz der lebenswichtigen Bedeutung des Wassers gibt es einige Tiere, die kürzere oder längere Zeit mit ganz minimalen Wassermengen auskommen. Manche Wirbellose können in encystiertem Zustande ungünstige Lebenszeiten überstehen, auch wenn sie in sehr starkem Maße austrocknen. Bekannte Beispiele bilden viele Protozoen, einige Rotatorien und Nematoden sowie vor allem die Tardigraden. Auch die Eier mancher Krebse (z. B. von *Apus*) können oder müssen austrocknen oder ausfrieren, bevor sie sich zu Larven entwickeln.

Das Wasser kommt fast in allen tierischen Geweben und Organen vor. Seine Aufnahme erfolgt sowohl durch die Nahrung, die stets Wasser enthält, als auch mit der Atemluft in Dampfform. Außerdem wird es von nackthäutigen Tieren (z. B. Amphibien) durch die Hautoberfläche sowie bei gepanzerten durch unbewehrte Hautstellen aufgenommen. Wasserabgabe findet durch Exkretionsorgane, den Darm, die Haut (Schweiß) und die Exspirationsluft statt.

Im Wasser gelöst sind eine große Zahl von S a l z e n, die zum Teil auch in fester Form im Tierkörper auftreten können (z. B. in Knochen). Die S a l z l ö s u n g e n erlangen dadurch für den Organismus besondere Bedeutung, daß sie den osmotischen Druck bedingen. Wird ein Stoff in Wasser gelöst, so sind seine Moleküle bestrebt, sich nach allen Richtungen in dem Lösungsmittel auszubreiten. Sie verhalten sich wie Gasmoleküle. Hierauf beruht die Erscheinung der D i f f u s i o n: denn bringt man die Lösung eines Stoffes mit einer anderen, die eine höhere Konzentration hat (bei der eine größere Anzahl von Molekülen in der gleichen Menge Lösungsmittel enthalten ist), in Berührung, so wandern aus dieser die Moleküle in die erste ein — sie diffundieren —, bis ein Gleichgewichtszustand erreicht ist. Sind die beiden Lösungen durch eine durchlässige (permeable) Membran voneinander getrennt, so diffundieren so lange in beiden Richtungen Substanzmoleküle und Lösungsmittel durch die Scheidewand, bis auf beiden Seiten gleiche Konzentration herrscht. Wird jedoch eine semipermeable Membran, d. h. eine Scheidewand, die wohl dem Lösungsmittel, jedoch nicht den Substanzmolekülen, den Durchtritt gestattet, zwischen die beiden Lösungen gebracht, so wandert das Lösungsmittel durch die Membran, während die Substanzmoleküle zurückbleiben. Es dringt also Lösungsmittel aus der weniger konzentrierten in die stärkere Lösung ein. Dadurch wird das Volumen der letzten vergrößert, ihr Flüssigkeitsspiegel steigt. Die konzentriertere Lösung erhält einen Überdruck, der dem Druck des durch die Membran dringenden Lösungsmittels entgegenwirkt. Diesen Druck nennt man *osmotischen Druck*.

Die Höhe des osmotischen Drucks ist abhängig von der *Anzahl* der Moleküle in der Lösung. Lösungen, in denen die gleiche Anzahl von Molekülen enthalten ist — äquimolekulare Lösungen —, haben den gleichen osmotischen Druck, sie sind *isosmotisch* oder *isotonisch*. Sind in einer Lösung mehr Moleküle enthalten als in einer anderen, so ist die erste *hypertonisch* gegenüber der zweiten und die zweite ist *hypotonisch* gegenüber der ersten. Demnach ist der osmotische Druck unabhängig von der chemischen Beschaffenheit der gelösten Stoffe.

Salzlösungen — sowie auch Säuren und Basen — können sich anders verhalten; der osmotische Druck kann bei ihnen viel größer sein, als er nach der Anzahl der Moleküle sein müßte. Die Stoffe befinden sich hier, namentlich in sehr verdünnten Lösungen, im Zustande der *elektrolytischen Dissoziation*, d. h. sie sind in der Lösung nicht als Moleküle vorhanden, sondern sie sind in elektrisch geladene Atome oder Atomkomplexe, die man *Ionen* nennt, zerlegt. Leitet man durch die Lösung einen elektrischen Strom, so wandern die positiv geladenen Ionen, die *Kationen*, zum negativen Pol, zur Kathode, die negativ geladenen *Anionen* zum positiven, zur Anode. Man kennzeichnet die positive Ladung durch oder +, die negative durch ' oder — (bei mehrwertigen Ionen werden diese Zeichen entsprechend vervielfacht). In einer Lösung eines Salzes, z. B. des Kochsalzes (NaCl), sind nicht NaCl-Moleküle, sondern die Ionen Na · und Cl' vorhanden, und zwar sind die Metallionen positiv und die Säureionen negativ geladen. Die Größe des osmotischen Druckes richtet sich nach der Anzahl der Ionen, infolgedessen muß er in diesem Falle doppelt so groß sein wie in einer nichtdissoziierten Lösung, da ja doppelt so viele Ionen wie Moleküle vorhanden sind.

Da in den tierischen Zellen Salzlösungen enthalten sind und die Plasmahäute meist semipermeable Membranen darstellen, wird die Höhe des osmotischen Druckes oder Turgordruckes in den Zellen durch die Konzentration der die Zellen umgebenden Lösung bestimmt. Ist die Lösung isotonisch, so findet keine Diffusion zwischen ihr und dem Zellinhalt statt, die Zelle verändert sich nicht. Ist sie hypertonisch, so wird der Zelle Lösungsmittel entzogen, sie schrumpft zusammen. Ist sie hypotonisch, so entnimmt die Zelle ihr Flüssigkeit, was ein Aufquellen und schließlich Platzen der Zelle zur Folge hat. Hieraus ergibt sich die große Bedeutung der Salzlösungen für den Organismus.

Am weitesten verbreitet im Organismus ist das Kochsalz oder Natriumchlorid (NaCl), das in den meisten tierischen Geweben und Körperflüssigkeiten vorkommt. Es bedingt zum größten Teil auch deren osmotischen Druck. Die Mehrzahl der tierischen Flüssigkeiten sind einer 0,6 bis 0,9-prozentigen NaCl-Lösung isotonisch (physiologische Kochsalzlösung). Von anderen Chloriden findet sich das Chlorcalcium ($CaCl_2$) in verschiedenen Säften und Geweben und das Chlorkalium (KCl) in Blutkörpern.

Von kohlensauren Salzen kommt Natriumkarbonat (Na_2CO_3) in Säften und Geweben, sowie im Darmsaft (der dadurch alkalisch wird) vieler Tiere vor (s. S. 76). Calciumkarbonat ($CaCO_3$) findet sich in vielen tierischen Hartgebilden, so in Knochen (etwa 5 % des Gesamtgewichtes), in den Skeletten der Foraminiferen, Korallen, Krebse, Mollusken, Echinodermen usw., sowie in den Statolithen vieler Tiere. Kristalle von kohlensaurem Kalk beherbergen auch die physiologisch rätselhaften Kalksäckchen der Frösche und die Kalkkörper der Bandwürmer und Regenwürmer.

Von Phosphaten ist besonders das Calciumphosphat ($Ca_3(PO_4)_2$) zu nennen, da die Asche der Knochen davon etwa 82 % enthält. Dikaliumphosphat (K_2HPO_4) und Magnesiumphosphat ($Mg_3(PO_4)_2$) findet man in Gewebezellen und Statolithen.

Sulfate sind in Form von Natriumsulfat (Na_2SO_4) und Calciumsulfat ($CaSO_4$) in geringen Mengen in Säften und Geweben vertreten.

Endlich kommt noch ein Fluorid, das Fluorcalcium (CaF_2), das schon erwähnt wurde, vor (s. S. 9).

An sonstigen anorganischen Verbindungen, die im tierischen Organismus eine Rolle spielen, sind noch einige freie anorganische Säuren zu erwähnen. Kohlensäure (CO_2) ist in allen Säften und Geweben vorhanden. Salzsäure (HCl) ist in den Magensäften vieler Tiere von Bedeutung und kann hier in relativ hohen Konzentrationen vorkommen (s. S. 75). Freie Salz- und Schwefelsäure (H_2SO_4) wurde in den Speicheldrüsen mancher Meeresschnekken nachgewiesen, wo die Schwefelsäurekonzentration bis zu 5 % erreichen kann (s. S. 55).

2. Die organischen Verbindungen

α) Eiweißkörper oder Proteine

Es gibt kein lebendes Wesen ohne Eiweiß, so daß man die Proteine als die wichtigsten Stoffe des Tierkörpers bezeichnen kann. In ihrer Zusammensetzung sind sie nicht genau bekannt, da diese höchst verwickelt ist und sie stets mit Salzen und anderen Stoffen vermischt vorkommen. Ihr chemischer Aufbau ist sehr verschieden, jedoch enthalten alle C, O, H und N. In den meisten kommt S und in manchen auch P vor. Wichtig ist, daß sie — im Gegensatz zu den Fetten und Kohlehydraten — Stickstoff enthalten. Die Eiweißmoleküle sind sehr groß, da sie aus sehr vielen Atomen bestehen. Die Formel für den roten Blutfarbstoff des Pferdes ist z. B.: C_{712} H_{1130} N_{214} O_{245} Fe_1 S_2, d. h. das Molekül setzt sich aus 2304 Atomen zusammen. Auf der Größe der Moleküle beruht es, daß die Proteine nicht oder nur sehr schwer diffundieren. Die Eiweiße sind Kolloide, d. h. in einer Eiweißlösung sind die Moleküle nicht so fein verteilt wie in einer Salzlösung (Kristalloide). Die Kolloide nehmen gewissermaßen eine Mittelstellung zwischen gelösten Stoffen und Aufschwemmungen fester Körper ein.

Man unterscheidet bei den Kolloiden zwei Phasen, den *Sol*- und den *Gel*zustand. Unter bestimmten Umständen können in einer kolloidalen Lösung die gelösten Stoffe, die im Solzustand gleichmäßig im Lösungsmittel verteilt sind, sich zu größeren Komplexen zusammenschließen, wodurch das Sol in den Gelzustand übergeht. Von großer biologischer Bedeutung ist es, daß dieser Vorgang oft umkehrbar ist, d. h. das Gel auch wieder zum Sol werden kann.

Früher nahm man an, daß es für die Kristalloide — im Gegensatz zu den Kolloiden — charakteristisch sei, Kristalle zu bilden. Dies trifft jedoch nicht zu, denn viele Eiweißkörper, wie etwa das Hämoglobin, können auskristallisieren (s. S. 107).

Die Eiweißkörper sind *ausfällbar*, d. h. sie können unter gewissen Bedingungen koagulieren oder gerinnen. Hierauf beruhen Methoden zum Nachweis von Eiweiß. Gerinnung erfolgt bei Erhitzung, und zwar stets unter + 100° C, jedoch ist die Gerinnungstemperatur bei den Eiweißarten verschieden, wodurch eine Trennung von Eiweißgemischen ermöglicht wird (fraktionierte Koagulation). Weitere Gerinnungsmittel sind Schwermetallsalze (z. B. Sublimat ($HgCl_2$) und *Millons* Reagenz), Mineralsäuren (z. B. Salpetersäure (HNO_3)), Alkohol usw. Auf der Ausfällfähigkeit von Eiweiß gründet sich die Verwendung dieser Mittel zum Fixieren tierischer Gewebe in der mikroskopischen Technik.

Einige chemische Stoffe *färben* Eiweiß in typischer Weise. Bei Zusatz von Salpetersäure wird Eiweiß gelb (Xanthoproteinreaktion). Alkalische Eiweißlösungen geben mit Kupfersulfat ($CuSO_4$) eine klare violette Farbe, die auf der Anwesenheit eines Biuret genannten Stoffes

$\left(NH < \begin{matrix} CO-NH_2 \\ CO-NH_2 \end{matrix}\right)$ beruht. (Biuretreaktion.)

Zusatz von konzentrierter Salzsäure zu Eiweiß läßt bei Erwärmung purpurne oder violette Töne erscheinen, usw. (Präzipitinreaktionen s. S. 23).

Da das Eiweißmolekül nicht bekannt ist, ist es schwer, die Eiweißkörper nach ihrem Verwandtschaftsgrad einzuteilen. Relativ einfache Verbindungen, die bei der Zertrümmerung der höheren Eiweißverbindungen entstehen, sind die *Aminosäuren*. Sie lassen sich aus den Fettsäuren ableiten, wenn man Wasserstoffatome durch die Aminogruppe NH_2 ersetzt. Die allgemeine Formel für die Fettsäuren ist: $C_nH_{2n+1}COOH$. Bei n = 1 ergibt sich $CH_3 \cdot COOH$ = Essigsäure, bei n = 2 $C_2H_5 \cdot COOH = CH_3 \cdot CH_2 \cdot COOH$ = Propionsäure usw. Setzt man für ein H das Radikal NH_2, so entsteht aus der Essigsäure $CH_2 \cdot NH_2 \cdot COOH$, die einfachste Aminosäure, die Aminoessigsäure oder das *Glykokoll*. Aus der Propionsäure entsteht $CH_3 \cdot CH \cdot NH_2 \cdot COOH$, die α-Aminopropionsäure oder das *Alanin* usw. Auf ähnliche Weise entstehen sehr zahlreiche Aminosäuren, jedoch kommen in Organismen im allgemeinen davon nur 15 bis 20 vor.

Das Eiweißmolekül wird von den verschiedensten Kombinationen von Komplexen solcher Aminosäuren gebildet, wozu noch andere Verbindungen hinzutreten können. Daraus erklärt sich die Größe dieses Moleküls. Die Fülle der Kombinationen ist ungeheuer, denn aus 20 Aminosäuren lassen sich theoretisch schon 1000 Quadrillionen von Eiweißarten ableiten. Demgegenüber ist die Zahl der bekannten Tierarten von etwa 1 Million sehr gering.

Es ist gelungen, eine größere Anzahl solcher Aminosäuren aneinander zu koppeln. Dadurch erhält man die *Polypeptide*. Je nach der Anzahl der im Molekül verbundenen Aminosäuren nennt man sie Di-, Tri-, Tetra- usw. -Peptide. Sie haben große Ähnlichkeit mit den gleich zu besprechenden Albumosen und Peptonen, die durch schwachen Eiweißabbau entstehen. Sie geben die Biuretreaktion.

Albumosen und Peptone entstehen durch Hydrolyse (Sprengung des Moleküls durch Einführung von Wasser) der natürlichen Eiweißstoffe. Sie sind Gemische verschiedener Abbauprodukte und geben einerseits echte Eiweißreaktionen, unterscheiden sich jedoch von den echten Eiweißkörpern durch Diffundierbarkeit, schwere Fällbarkeit usw.

Die tierischen Eiweißstoffe lassen sich in folgender Weise einteilen:

1. Einfache Eiweißkörper = Euproteine

Hierher gehören:

a) Albumine, die in Wasser löslich sind (z. B. Laktalbumin der Milch, Serumalbumin in der Blutflüssigkeit, Muskelalbumin in Muskelzellen).

b) Globuline, die nicht in Wasser, jedoch in verdünnten Neutralsalzlösungen löslich sind (z. B. Serumglobulin und Fibrinogen (s. S. 108) im Blut, Myosin in Muskeln).

II. Zusammengesetzte Eiweißkörper = Proteide

Zu ihnen gehören:

a) Phosphorproteide, phosphorhaltige Eiweißkörper (z. B. Kasein der Milch, Vitelline des Eidotters).

b) Glykoproteide, kohlehydrathaltige Eiweißkörper (z. B. Mucin des Schleimes).

c) Nucleoproteide, Verbindungen von Eiweiß mit Nucleinsäuren. Die Nucleinsäuren sind Verbindungen von Phosphorsäure und den sogenannten Nucleinbasen oder Purinen (Guanin, Adenin, Xanthin und Hypoxanthin). Die Nucleoproteide sind die wesentlichsten Bestandteile der Zellkerne.

d) Chromoproteide, metallhaltige Stoffe, zu denen der rote Blutfarbstoff, das Hämoglobin, gehört (s. S. 105).

III. Eiweißähnliche Stoffe = Albuminoide = Proteinoide

Hierher rechnet man Substanzen, die zwar keine echten Eiweiße sind, jedoch dieselben Abbauprodukte (Aminosäuren) wie diese haben. Die Gruppe ist wenig einheitlich und umfaßt tierische Skelett- und Hüllsubstanzen. Es gehören hierher:

a) Kollagen oder leimgebende Substanzen (Glutin = Knochenleim, Chondrin = Knorpelleim).

b) Elastine, die im elastischen Bindegewebe vorkommen.

c) Keratine = Hornstoffe, die epidermale Hartgebilde (Haare, Federn, Hufe, Hörner usw.) zusammensetzen. Sie quellen in heißem Wasser auf und werden durch Alkalien erweicht (Wirkung heißer Bäder und der Seife).

d) Skeletine, worunter man die Skelettsubstanzen einiger Wirbelloser zusammenfaßt (z. B. Spongin der Schwämme, Kornein der Korallen, Konchiolin der Mollusken).

β) Fette

Die Fette bestehen aus den Elementen C, O und H. Chemisch sind sie Ester, d. h. sie sind aus einem Alkohol und einer Säure unter Wasseraustritt entstanden. Der den Fetten zugrunde liegende Alkohol ist das Glyzerin ($C_3H_5(OH)_3$), ein dreiwertiger Alkohol. Daher sind drei Säuremoleküle mit einem Glyzerinmolekül verbunden (Triglyzeride). Die allgemeine Formel der Fettsäuren hatten wir auf Seite 16 kennengelernt. Setzt man in ihr n = 15, so erhält man die Palmitinsäure $C_{15}H_{31} \cdot COOH$. Drei Moleküle dieser Säure geben mit einem Molekül Glyzerin einen Fettstoff, das Tripalmitin: $3\ C_{15}H_{31} \cdot COOH + C_3H_5(OH)_3 = (C_{15}H_{31} \cdot COO)_3 \cdot C_3H_5 + 3\ H_2O$.

In gleicher Weise erhält man aus der Stearinsäure (n = 17) das Tristearin und aus der ungesättigten Ölsäure $C_{17}H_{33} \cdot COOH$ das Triolein. Diese drei Fettarten kommen für die tierischen Organismen hauptsächlich in Betracht. Sie zeichnen sich durch verschiedene Konsistenz und durch verschiedene Schmelzpunkte aus. Tripalmitin ist festweich mit einem Schmelzpunkt (SmP) von + 71,5° C, Tristearin fest (SmP = + 62° C) und Triolein flüssig (es erstarrt bei — 6° C). Die natürlichen Tierfette sind Mischungen dieser Fettarten, und zwar richtet sich ihre Konsistenz nach der Menge, in der die einzelnen Fettarten in ihnen enthalten sind. Daher haben die Tierfette verschiedene Schmelz- und Erstarrungspunkte (EP). Z. B.:

Hirschfett	SmP	+ 51 bis 52° C;	EP	+ 39 bis 40° C
Hundefett	„	+ 37 bis 40° C;	„	+ 21 bis 23° C
Gänsefett	„	+ 32 bis 34° C;	„	+ 18 bis 20° C.

Die reinen Fette reagieren neutral und werden daher auch Neutralfette genannt. Bei Luft- und Lichtzutritt spalten sie sich zum Teil in Fettsäuren und Glyzerin, bei deren weiterem Abbau durch Bakterien sie sauer oder ranzig werden.

Die Fette sind verseifbar, d. h. sie zerlegen sich unter Wasseraufnahme wieder in Glyzerin und Fettsäuren und bilden mit Alkalien Salze, die Seifen. Die Natronseifen sind fest (Toiletteseifen), die Kaliseifen weich (Schmierseifen). Mit Kalk ergeben sich die wasserunlöslichen Kalkseifen, worauf die Ungeeignetheit des „harten" (sehr kalkhaltigen) Wassers zum Waschen beruht.

Die Fette sind leichter als Wasser und in ihm nicht löslich. Sie geben beim Schütteln mit Wasser eine unbeständige Emulsion. Bei ranzigen Fetten bleibt die Emulsion bestehen. Löslich sind die Fette in Alkohol, Äther, Chloroform, Schwefelkohlenstoff usw.

Den Fetten nahe stehen die W a c h s e, Ester einwertiger Alkohole. Im B i e n e n w a c h s findet sich der Palmitinsäure-Ester des Myricylalkohols ($C_{30}H_{61}OH$), doch ist sein Hauptbestandteil freie Cerotinsäure ($C_{25}H_{53} \cdot COOH$). Hierher gehören auch die von vielen Pflanzenläusen und Zikaden erzeugten Wachsausscheidungen (z. B. das Schellackwachs, das im Schellack aus verschiedenen Pflanzen nach dem Stich von *Coccus lacca* austritt). Das in der Kopfhöhle des Pottwals vorkommende Walrat ist ein Palmitinsäure-Ester des Cetylalkohols ($C_{16}H_{33}OH$).

Als L i p o i d e oder „fettähnliche" Stoffe faßt man einige physiologisch sehr bedeutsame Substanzen zusammen, die mit den Fetten nur die Lösbarkeit in denselben Mitteln gemein haben. Das C h o l e s t e r i n ($C_{27}H_{45}OH$) ist ein mit der Cholsäure (s. S. 76) verwandter aromatischer Alkohol, der in fast allen tierischen Säften und Geweben, namentlich in den Plasmahäuten und in der Galle sowie im Gehirn der Wirbeltiere vorkommt. In Pflanzen treten ähnliche Stoffe auf, die P h y t o s t e r i n e, von denen das E r g o s t e r i n (s. S. 26) auch für die Tiere große Bedeutung hat. Das wichtigste Phosphatid, das ebenfalls in fast allen tierischen Zellen (besonders im Eidotter, in Gehirn und Leber) zu finden ist, ist das Lezithin, das sich aus Glyzerin, Fettsäuren, Phosphorsäuren und der Stickstoffbase Cholin zusammensetzt.

γ) Kohlehydrate

Die Kohlehydrate enthalten — wie die Fette — die Elemente C, O und H. H und O kommen wie im Wassermolekül (H_2O) in dem Verhältnis 2 : 1 vor, sie bestehen also aus Kohlenstoff und Wasser. Je nach der Anzahl der C-Atome unterscheidet man Triosen, Tetrosen, Pentosen, Hexosen usw. Biologisch am bedeutsamsten sind die Hexosen. Man nennt die mit 6 C-Atomen Monosaccharide oder Monosen, die mit $2 \times 6 = 12$ C-Atomen Disaccharide oder Biosen und die mit $n \times 6$ C-Atomen Polysaccharide oder Polyosen.

Unter den Monosacchariden, den einfachen Zuckern, unterscheidet man 2 Gruppen, die Aldosen, die eine endständige Aldehydgruppe $\left(-C{<}^{H}_{O}\right)$ haben, und die Ketosen, bei denen eine Karbonyl- (Keton-) gruppe ($=C=O$) zwischen 2 C-Atomen steht.

Eine Aldose ist der Traubenzucker = Dextrose = d-Glukose, der im Blut und einigen Geweben in kleinen Mengen sowie in Früchten und Honig vorkommt. Er dreht die Ebene des polarisierten Lichtes nach rechts und hat folgende Zusammensetzung:

$$C_6H_{12}O_6 = CH_2OH \cdot CH(OH) \cdot CH(OH) \cdot CH(OH) \cdot CH(OH) \cdot C{<}^{H}_{O}.$$

Wegen der doppelten Bindung von O wirkt die Aldehydgruppe stark reduzierend, sie nimmt leicht noch O auf, den sie Stoffen, die diesen leicht abgeben, wie den Metalloxyden, entzieht. Darauf beruht der Zuckernachweis mittels der Fehlingschen Lösung (Trommersche Probe). Diese Lösung besteht aus Kupfersulfat ($CuSO_4$), Kalilauge (KOH) und Seignettesalz (Kaliumnatriumsalz der Rechtsweinsäure). $CuSO_4$ und 2 KOH geben Kupferhydroxyd $Cu(OH)_2$ und Kaliumsulfat K_2SO_4. $Cu(OH)_2$ ist in reinem Wasser nicht löslich, wird jedoch durch das Seignettesalz gelöst. Durch

Wasserabgabe wird es zu schwarzem Kupferoxyd ($Cu(OH)_2 = CuO + H_2O$). Die Aldehydgruppe des Traubenzuckers entnimmt je 2 Molekülen CuO ein Atom O $\left(\begin{matrix}CuO\\CuO\end{matrix} = \begin{matrix}Cu\\Cu\end{matrix}\!> O + O\right)$, wodurch das rote Kupferoxydul Cu_2O entsteht.

Zum quantitativen Nachweis von Traubenzucker in einer Lösung (z. B. in Harn) bedient man sich der Fähigkeit des Hefepilzes, Traubenzucker in Alkohol und Kohlensäure zu vergären (s. S. 28). Man bringt die mit Bierhefe versetzte Lösung in ein mit Einteilung versehenes, oben geschlossenes Gärungsröhrchen (Abb. 1) und kann aus der sich bildenden CO_2-Menge den Zuckergehalt der Lösung berechnen.

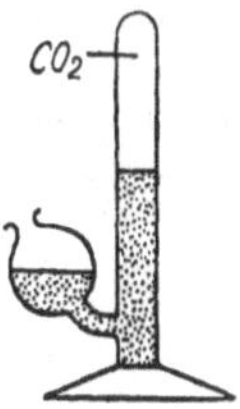

Abb. 1 Gärungsröhrchen

Ein anderes Monosaccharid, das sich gelegentlich in tierischen Flüssigkeiten findet, ist der Fruchtzucker = Lävulose = d-Fruktose: $C_6H_{12}O_6 = CH_2OH \cdot CH(OH) \cdot CH(OH) \cdot CH(OH) \cdot CO \cdot CH_2OH$, eine Ketose, die in Früchten vorkommt. Er ist linksdrehend. Weitere Monosaccharide aus Pflanzen sind die d-Mannose und d-Galaktose.

Die Disaccharide entstehen durch Vereinigung zweier Monosenmoleküle unter Austritt von Wasser; sie haben also die Formel $C_{12}H_{22}O_{11}$. Die wichtigsten in Tieren oder in ihrer Nahrung vorkommenden sind: Milchzucker = Laktose, aus Traubenzucker und Galaktose bestehend (in der Milch); Malzzucker = Maltose, aus 2 Molekülen Traubenzucker zusammengesetzt (als Abbauprodukt anderer Kohlehydrate im Tierkörper), und Rohrzucker = Saccharose, der durch den Zusammentritt je eines Moleküls von Trauben- und Fruchtzucker entsteht. Rohrzucker, der in verschiedenen Pflanzen (namentlich im Zuckerrohr und der Runkelrübe) vorkommt, spielt als tierisches Nahrungsmittel eine wichtige Rolle. Er wirkt nicht reduzierend, ist durch Hefe nicht vergärbar und dreht die Ebene des polarisierten Lichtes nach rechts. Durch Fermentwirkung oder verdünnte

Säuren zerfällt er in Trauben- und Fruchtzucker, wobei er linksdrehend wird (Invertzucker).

Durch Zusammentritt mehrerer Monosenmoleküle entstehen unter Wasseraustritt die Polysaccharide $(C_6H_{10}O_5)n$. Sie unterliegen nicht der Hefegärung und drehen nach rechts. Durch Enzym- und Säurewirkung werden sie in Monosaccharide gespalten. In allen grünen Pflanzen wird mit Hilfe des Chlorophylls aus der Kohlensäure und Wasser Stärke = Amylum erzeugt (s. S. 29). Sie bildet Körnchen, die sich mit Jod blau färben. Bei den grünen Flagellaten kommt eine Modifikation der Stärke, das Paramylum, vor. Bei den Tieren vertritt das Glykogen („tierische Stärke") die Stelle des Amylums. Es kommt besonders in der Leber und in den Muskeln vor. Bei manchen Protozoen läßt sich eine Modifikation, das Paraglykogen, nachweisen. Jodzusatz ergibt weinrote Färbung.

Ein die Wände der Pflanzenzellen aufbauendes Polysaccharid ist die Zellulose. Im Tierreich findet man sie nur im Tunikatenmantel (Tunizin) und vielleicht bei einigen Protozoen. Sie kann durch gewisse Bakterien in Glukose gespalten werden.

Stärke und Zellulose werden durch Fermente und andere Mittel in Monosen zerlegt, wobei Zwischenstufen, die Dextrine, entstehen. Man unterscheidet verschiedene Arten (Erythrodextrin färbt sich mit Jod rot, Achroodextrin nicht), die wasserlöslich sind und weiter in Traubenzucker gespalten werden.

Ein stickstoffhaltiges Kohlehydrat, tierischer Skelettsubstanzen ist das Chitosan, bei dem eine OH-Gruppe durch eine NH_2-Gruppe ersetzt ist. Es bildet das Chitin, die Grundsubstanz der Körperbedeckung der Arthropoden und einiger anderer Tiere.

δ) Toxine, Vitamine und Fermente

Charakteristisch für diese Stoffe ist, daß sie im allgemeinen in ganz spezifischer Weise schon in sehr kleinen Mengen wirken und gegen äußere Einflüsse (besonders Temperaturveränderungen) sehr empfindlich sind.

Toxine sind Giftstoffe tierischer oder pflanzlicher Herkunft. Viele sind spezifisch, so daß Dosen, die bei einer Tierart tödlich sind, einer anderen nicht schaden. Es gehören hierher z. B. die Bakteriengifte (Tetanus, Diphtherie usw.) und die Schlangengifte (s. S. 69). Die meisten dieser Stoffe wirken nur, wenn sie ins Blut gelangen und haben die Eigenschaft, den Körper zur Bildung von Abwehrstoffen, Antitoxinen oder Alexinen, zu veranlassen. Werden einem Tier geringe, nicht tödliche Dosen eines Toxins in die Blutbahn gebracht, so bildet es das betreffende Antitoxin, das die Giftwirkung des Toxins abschwächt oder aufhebt. Dadurch wird das Tier gegen größere (normalerweise tödliche) Dosen des Giftes unempfindlich, es wird immun. Hierauf beruht die Schutzimpfung gegen gewisse Infektionskrankheiten (z. B. Diphtherie), bei der einem Organismus Abwehrstoffe gegen die Krankheit, die in einem anderen Organismus gebildet wurden, in die Blutbahn gebracht werden.

In ähnlicher Weise wie diese Giftstoffe wirken artfremde Eiweißkörper auf den Organismus. Artfremdes Eiweiß, das einem Tier in das Blut gebracht wird, verursacht schwere Vergiftungen und veranlaßt oft die Bildung von Antikörpern (wahrscheinlich in den Leukocyten). Bringt man den Antikörper gegen ein bestimmtes Arteiweiß mit diesem zusammen, so erfolgt eine typische Reaktion — die Präzipitinreaktion —, das Eiweiß wird ausgefällt. Diese Fällung oder Agglutination tritt in voller Stärke jedoch nur bei dem Eiweiß, gegen das der Antikörper gebildet wurde, ein. Bei Eiweiß einer verwandten Tierart ist sie schwächer und bei dem einer nicht verwandten fällt sie weg. Dadurch ist ein Mittel gegeben, Verwandtschaftsgrade zwischen Tierarten aufzuzeigen. So fällt die Präzipitinreaktion zwischen *Limulus* und den Spinnentieren sowie zwischen Mensch und anthropoiden Affen positiv aus.

Die weitgehende Spezialisierung der Eiweißkörper zeigt sich in den sogenannten Blutgruppen. Jeder Mensch gehört zu einer der 4 Blutgruppen A, B, AB oder O. Bei Gruppe A enthalten die Blutkörperchen einen Stoff A, der durch einen in dem Serum von B enthaltenen Faktor Anti-A oder α die Blutkörperchen von A agglutiniert. Gruppe B enthält den Stoff B, der zusammen mit dem Anti-B oder β aus A Agglutination ergibt. AB besitzt kein Agglutinin und O sowohl α als auch β. Bei dem Zusammenbringen von Serum und Blutkörperchen in den verschiedenen möglichen Kombinationen kann also Agglutination (+) oder keine Agglutination (—) nach dem folgenden Schema auftreten:

	Blutkörperchen der Gruppe A	B	AB	O
Serum der Gruppe A (β)	—	+	+	—
Serum der Gruppe B (α)	+	—	+	—
Serum der Gruppe AB (0)	—	—	—	—
Serum der Gruppe O (α+β)	+	+	+	—

Bei „Bluttransfusionen" darf nur ein Spender verwandt werden, dessen Blut mit dem des Empfängers nicht agglutiniert. Die Zugehörigkeit zu einer der 4 Blutgruppen ist ein erbliches Merkmal und kann daher bei der Ermittlung von Vater- oder Mutterschaften eine Rolle spielen.

Vitamine oder Zusatznährstoffe kommen in geringen Mengen in pflanzlichen und tierischen Organismen vor. Ihr Fehlen bedingt bei Tieren typische, oft sehr schwere, Mangelkrankheiten (Avitaminosen), die durch Zuführung der betreffenden Vitamine meist zu beheben sind. Die wichtigsten bisher bekannten Vitamine sind:

Vitamin A = antixerophthalmisches Vitamin ($C_{20}H_{29}OH$): Es entsteht aus dem Carotin ($C_{40}H_{56}$), einem in vielen Pflanzen vorkommenden rötlichen fettlöslichen Farbstoff (Lipochrom), das man als Provitamin A bezeichnet, durch Wasseraufnahme ($C_{40}H_{56} + 2\,H_2O = 2\,C_{20}H_{29}OH$). Es findet sich — z. T. als Provitamin — vor allem in Karotten, Aprikosen, Tomaten, Mais, Butter, Eigelb und Lebertran. Das Fehlen von A bedingt Wachstumshemmung, Infektionsanfälligkeit, Nachtblindheit und die Augenkrankheit Xerophthalmie.

Vitamin B_1 = antineuritisches Vitamin = Aneurin ($C_{12}H_{18}N_4OSCl_2$): hauptsächlich in Brauereihefe, Reiskleie,

Weizenkeimlingen und anderen Pflanzenstoffen. Es wird während der Erregung im Nerven gebildet und ist wohl mit als Energiequelle für die Aktionsströme (s. S. 142) — als Aktionssubstanz — anzusehen (s. Teil 2). Sein Fehlen verursacht Störungen im Kohlehydratstoffwechsel des Nervengewebes, die sich in Lähmungen, Atrophien, Kreislauf-, Darm-, Sekretions- und nervösen Störungen („Beriberi") und anderen Allgemeinerkrankungen äußern.

Vitamin B_2 enthält mehrere Faktoren: a) den Wachstumsfaktor = Lactoflavin ($C_{17}H_{20}N_4O_6$), einen weit verbreiteten Farbstoff, der im Darm mit Phosphorsäure den Lactoflavinphosphorsäureester — das eigentliche Vitamin B_2 — ergibt. Seine Bindung an Eiweiß läßt das in allen Zellen enthaltene „gelbe Ferment", ein wichtiges Atmungsferment (s. S. 37) entstehen, das für die Oxydationsvorgänge im Körper notwendig ist und den intermediären Kohlehydratstoffwechsel regelt. Sein Fehlen verursacht Wachstumshemmung. Es kommt, außer in allen Zellen, besonders in Hefe, Eiern und Leberextrakten vor; b) die Hautfaktoren, deren wichtigster die Nicotinsäure ($C_6H_5NO_2$) ist, die in Fleisch (besonders Leber), Tomaten, Hefe und anderen Nahrungsstoffen enthalten ist und die das Auftreten einer in Italien und den Balkanländern verbreiteten Hautkrankheit, der Pellagra, verhindert. Sie ist ein Bestandteil des Kofermentes des für die Zellatmung (s. S. 37 und 78) wichtigen wasserstoffübertragenden Atmungsfermentes; c) den Blutregenerationsfaktor = Anämiefaktor = Hämogen, der in Leber, Eiern, Malzextrakt, Hefe u. a. vorkommt. Das Hämogen wird durch Magensaft zu dem wirksamen Anahämin aktiviert. Bei fehlerhaftem Magensaft oder Mangel an Hämogen tritt Störung der Blutkörperbildung im Knochenmark ein, es kommt zu Anämien.

Vitamin C = antiskorbutisches Vitamin = Askorbinsäure ($C_6H_8O_6$): besonders in Zitronen, Apfelsinen, Salat, Zwiebeln, Karotten, Kartoffeln, Milch, Nebenniere. Bei längerer Ernährung ohne frische Pflanzenteile (Seefahrten, Expeditionen) verursacht Vitamin-C-Mangel den Skorbut (Schleimhautblutungen, Hämaturie, Anämie).

V i t a m i n D = antirachitisches Vitamin = Calciferol ($C_{28}H_{43}OH$): ist in einer Vorstufe, dem Ergosterin, in vielen Pflanzen und als Beimischung des Cholesterins (s. S. 19) in den meisten tierischen Geweben vorhanden. Das wirksame Vitamin entsteht aus diesem Provitamin durch Bestrahlung mit kurzwelligem Licht (kurzwelliger Anteil des Sonnenlichtes und künstliches UV-Licht). Es reguliert die Kalkablagerung in den Knochen, so daß sein Fehlen die wachsenden Knochen nicht oder ungenügend verkalken läßt (Rachitis oder englische Krankheit). Durch Bestrahlung, behandelte Nahrungsmittel, Lebertran oder Gaben von Vitamin-D-Präparaten (Vigantol) kann die Krankheit verhindert oder geheilt werden. In den Lebern der Knochenfische (Dorsch, Thunfisch, Heilbutt), in denen das Vitamin in besonders großer Menge auftritt, wird es vielleicht aus der Nahrung (Phytoplankton fressende Kleinfische) gespeichert oder auf noch ungeklärte Weise gebildet.

V i t a m i n E = Antisterilitätsvitamin = Tokopherol: kommt in Weizenkeimlingen, in grünem Gemüse, in pflanzlichen Fetten und in Butter vor und regt die Bildung von Geschlechtshormonen (s. S. 124) an, so daß sein Mangel bei Säugetieren (Ratten) Sterilität hervorrufen kann.

F e r m e n t e o d e r E n z y m e sind Stoffe, die andere chemische Verbindungen in bestimmter Weise verändern (meist spalten, seltener aufbauen), ohne selbst in den Endprodukten der Reaktion zu erscheinen. Sie wirken wie die Katalysatoren der anorganischen Chemie, indem sie Vorgänge beschleunigen, die sonst sehr langsam (eventuell unendlich langsam) verlaufen würden. Sie wirken in Zellen (Endofermente) oder werden in Körperhöhlen — z. B. den Darm — abgegeben (Exofermente). Bei niedrigen und hohen Wärmegraden ist die Wirksamkeit der Fermente gering oder hört ganz auf, während sie bei mittleren ein Optimum hat. Bei Homoiothermen (s. S. 137) liegt dieses Optimum etwa bei Körpertemperatur (+ 30 bis + 40° C). Temperaturen über + 60 bis + 100° C zerstören die Fermente. Einige Fermente bestehen aus zwei oder mehr Faktoren, die erst zusammen wirksam sind. Der eine Stoff, das Apoferment oder -enzym, wird erst durch die Anwesenheit eines oder mehrerer anderer aktivierender Stoffe, der Kofermente oder Kinasen, wirksam. Von besonderer Bedeutung für die Tätigkeit der Fermente ist die Reaktion des Mediums. Sie ist abhängig von der Anzahl der freien H˙- bezw. OH'-Ionen. In reinem Wasser sind bei + 22° C gleichviel freie H˙- und OH'-Ionen, und zwar im Liter 0,0000001 Grammionen H˙ und natürlich ebenso viele OH'. Die Wasserstoffionenkonzentration im Liter, die durch die Wasserstoffzahl [H˙] ausgedrückt wird, ist also 10^{-7}. Man gibt diesen Wert durch seinen negativen Logarithmus, den man als Wasserstoffionenexponent (P_H) bezeichnet, an und erhält: —log [H˙] = P_H = 7. Da gleichviel OH'-Ionen vorhanden sind, ist für diese der entsprechende Wert P_{OH} ebenfalls = 7. Ist aber dieselbe Anzahl von H˙- und OH'-Ionen in einer Flüssigkeit vorhanden, so ist sie neutral, sind mehr H˙- als OH'-Ionen darin, so ist sie sauer, und enthält sie mehr OH'- als H˙-Ionen, so reagiert sie alkalisch. Dadurch erhalten wir ein Mittel, die (aktuelle) Azidität bzw. Basizität einer Lösung zahlenmäßig anzugeben; denn ist in einer Lösung $P_H = 7$, so ist sie neutral, ist $P_H < 7$, sauer, und ist es > 7, alkalisch. Die meisten Fermente haben ein Optimum ihrer Wirksamkeit bei bestimmten P_H-Werten.

Die Fermente sind spezifisch, d. h. jedes wirkt nur auf einen bestimmten Stoff oder auf bestimmte Stoffgruppen. Im allgemeinen drückt man dies in der Bezeichnungsweise aus, indem man an den Namen des Stoffes, auf den die Enzyme wirken (das Substrat), die Endung „ase" anhängt. Da man die chemische Natur der Fermente nicht kennt, teilt man die große Anzahl der bisher bekannten — von denen nur einige erwähnt werden können — nach ihren Wirkungen ein. Man kann zwei große Gruppen unterscheiden.

I. Hydrolasen, Fermente, die Spaltungen unter Wasseraufnahme (Hydrolyse) veranlassen. Sie bereiten die Substrate erst zum eigentlichen Abbau (Gärung und Atmung) vor und erzeugen nur geringe Energiemengen. Hierher gehören: Esterasen, Säureester spaltende Enzyme, von denen die Lipasen, die Fette in Glyzerin und Fettsäuren zerlegen (s. S. 43), die wichtigsten sind. Karbohydrasen, die aus höheren Zuckern Monosen bilden. Ich erwähne nur die Saccharase (Invertase), Maltase und Laktase. Polysaccharide werden von den Polyasen abgebaut. Hierher gehören: die Amylasen und die Zellulasen. Proteasen lösen Bindungen von Stickstoff an Kohlenstoff und umfassen daher die wichtigsten eiweißspaltenden Enzyme: Ereptasen (Erepsin), die Polypeptide in Aminosäuren zerlegen, Proteinasen, die Eiweiß angreifen, wie das Pepsin, das fast alle Eiweiße bis zu den Peptonen abbaut, die Tryptase (Trypsin), die — durch ein spezifisches Koenzym, die Enterokinase, aktiviert — Eiweiße, namentlich Peptone, angreift und zum Teil bis zu Aminosäuren zerlegt. Wahrscheinlich gehören hierher auch die „Gerinnungsfermente", wie das Labferment (Chymase), das das Kaseinogen in Kasein verwandelt (s. S. 41), und die Thrombokinase, die aus Fibrinogen Fibrin werden läßt (s. S. 108).

II. Desmolasen, Fermente, die die Kohlenstoffketten der Nährstoffe und Körpersubstanzen bis zu den Endprodukten des Stoffwechsels abbauen, wobei die Hauptenergiemengen für den Stoffwechsel gewonnen werden. Die Enzyme lassen sich in zwei Gruppen teilen, von denen die eine die ohne Sauerstoffzufuhr erfolgenden Vorgänge des Spaltstoffwechsels oder die Gärung, die andere den oxydativen Endstoffwechsel oder die Atmung beherrscht. Bei der Gärung der Kohlehydrate werden in den Molekülen die O- und H-Atome nach verschiedenen Richtungen verlagert, ein Teil des Moleküls wird oxydiert, ein anderer reduziert (Oxydoreduktion). Dabei können Milchsäure oder Alkohol und Kohlensäure entstehen (s. S. 21). Die wichtigsten hierher gehörigen Fermente sind die zuckerspaltenden oder Zymasen, die in Hefe, Bakterien und auch in tierischen Zellen vorkommen. In den meisten Fällen dürfte für ihre Wirksamkeit ein Koenzym nötig sein. Bei der Atmung treten Fermente in Tätigkeit, die man als Oxydasen bezeichnet, weil sie bei Sauerstoffzutritt die Nährstoffe zu Kohlensäure und Wasser abbauen. Hierher gehört das „Atmungsferment", ein Hämin (s. S. 36), das dreiwertiges Eisen enthält und die Zellstoffe oxydiert, die Tyrosinase, die bei der Umwandlung der Aminosäure Tyrosin in Pigmente (Melanine) beteiligt ist, und die Katalase, die H_2O_2 in H_2O und O zerlegt.

II. ALLGEMEINER STOFF- UND ENERGIEUMSATZ

Die lebende Substanz nimmt dauernd Stoffe auf und gibt Stoffe ab. Diese werden im Körper umgeformt und dienen einmal zur Erhaltung und Vermehrung der Körpersubstanz, andererseits wird die aus ihnen gewonnene Energie zur Arbeitsleistung verwandt. Danach unterscheidet man einen Baustoffwechsel und einen Betriebsstoffwechsel.

Es gibt Organismen, die die Energie direkt von der Sonne — der letzten Energiequelle — beziehen (autotrophe Organismen). Zu ihnen gehören die mit Chromatophoren ausgestatteten Flagellaten und die grünen Pflanzen, weswegen man auch von einer holophytischen Ernährungsweise spricht. Sie bauen mit Hilfe des Sonnenlichtes und des Chlorophylls auf bisher noch nicht ganz geklärte Weise aus der Kohlensäure der Luft und Wasser Kohlehydrate (Stärke) auf (Photosynthese oder Assimilation).

Wahrscheinlich entsteht zunächst Formaldehyd (HCOH)* und dann über Traubenzucker Stärke: $CO_2 + H_2O = HCOH + O_2$; $6(HCOH) = C_6H_{12}O_6$; $n(C_6H_{12}O_6) = n(C_6H_{10}O_5) + nH_2O$. Aus den Kohlehydraten werden mit anorganischen Stickstoffverbindungen und anderen Stoffen Eiweiße und Fette aufgebaut.

Die übrigen Organismen — also fast alle Tiere — sind heterotroph (mit holozoischer Ernährung). Sie nehmen für ihren Bau- und Betriebsstoffwechsel die von den autotrophen Organismen gelieferten organischen Verbindungen auf. Ihre Energiequellen sind die Verbrennungswärmen dieser Stoffe.

Die Verbrennungswärme = Brennwert oder Wärmewert eines Stoffes ist die Wärmemenge, die frei wird, wenn der Stoff bei Sauerstoffzutritt verbrannt wird. Man mißt sie in großen Kalorien (Cal) und bezeichnet als 1 Cal die Wärme-

*) bzw. eine Zwischenform von der Reduktionstufe des Formaldehyds.

menge, die zur Erwärmung von 1 kg Wasser von + 14 auf + 15° C nötig ist. Eine kleine Kalorie (cal) ist der tausendste Teil einer großen. 1 Cal entspricht einer mechanischen Arbeit von 427 mkg (mechan. Wärmeäquivalent).

Im tierischen Organismus findet ebenfalls eine Verbrennung der organischen Stoffe durch als Gas aufgenommenen Sauerstoff statt, was man als Oxybiose bezeichnet.

Einige in sauerstofffreien oder -armen Medien lebende Tiere (anaerobe Tiere), wie manche Parasiten (s. S. 52) und Erd- oder Schlammbewohner, vermögen auch ohne Sauerstoff organische Stoffe abzubauen (Anoxybiose). Sie „vergären" Glykogen in flüchtige Fettsäuren und Kohlensäure, wodurch Energie gewonnen wird. Da der Brennwert der Fettsäuren nicht ausgenutzt wird, ist dies Verfahren „unrationell" und kann nur von Tieren mit Nahrungsüberfluß (z. B. Parasiten) dauernd angewandt werden.

Die völlige Verbrennung der wichtigsten organischen Verbindungen liefert etwa folgende Brennwerte: 1 g Fett 9,3 Cal, 1 g Kohlehydrate 4,1 Cal und 1 g Eiweiß 5,7 Cal.

Bei Oxybiose werden Fette und Kohlehydrate völlig zu H_2O und CO_2 verbrannt. Eiweiß wird nicht so weit abgebaut, sondern verläßt den Körper zum Teil in Form von Stoffen, die selbst noch einen gewissen Brennwert haben. Der wichtigste von ihnen ist der Harnstoff (Brennwert für 1 g : 2,5 Cal). Zur Ermittlung des „physiologischen Nutzwertes" des Eiweißes muß man von seiner Verbrennungswärme die dieser Stoffe abziehen und erhält dann 4,1 Cal.

Die dem Tierkörper mit der Nahrung zugeführte potentielle chemische Energie wird von ihm umgeformt und tritt in anderer Form wieder in Erscheinung, und zwar in der Hauptsache als Wärme und mechanische Arbeit. Wenn das Gesetz von der Erhaltung der Energie auch für den Organismus gilt, muß die vom Körper abgegebene Energiemenge gleich der von ihm aufgenommenen sein, d. h. der Organismus muß sich in einem „Energiegleichgewicht" befinden. Die mit den Nahrungsstoffen aufgenommene chemische Energie muß gleich der Summe der abgegebenen Wärme und der geleisteten Arbeit sein. Wird keine Arbeit geleistet, ist das Tier in Ruhe, so muß die mit der Nahrung aufgenommene Energiemenge also gleich der abgegebenen Wärmemenge sein. Es ist gelungen, die Richtigkeit dieses Gedankenganges zuerst an Hunden nachzuweisen:

Die berechnete Wärmemenge betrug hier	17 735,9 Cal
Die gemessene Wärmeabgabe	17 683,6 Cal
Die Differenz belief sich also auf	52,3 Cal = 0,3 %

Versuche an Menschen ergaben Übereinstimmung bis auf 0,1 %. Damit zeigt sich, daß das Gesetz von der Erhaltung der Energie auch für den Organismus gilt.

Die Menge der Stoffe, die ein Tier aufnimmt, muß in einem bestimmten Verhältnis zu den abgegebenen Mengen stehen. Das „Stoffwechselgleichgewicht“ muß stets erhalten bleiben, d. h. für eine gewisse Zeit muß das Anfangsgewicht eines Tieres, vermehrt um das Gewicht aller Einnahmen, gleich dem Endgewicht, vermehrt um das Gewicht aller Ausgaben, sein.

Das Anfangsgewicht eines Mannes war 70 kg. Nach 24 Stunden, in denen er Kartoffeln, Fleisch, Brot, Butter usw. zu sich genommen hatte, wog er 70,138 kg. Die „Stoffwechselbilanz“ ergab:

Einnahmen:

durch Atmung	Sauerstoff . . .	720 g
aus der Nahrung .	Wasser	2100 g
	Salze	30 g
	Eiweiß	130 g
	Fett	100 g
	Kohlehydrate . .	400 g
	Zusammen . .	3480 g

Ausgaben:

durch Atmung	Kohlensäure . .	917 g
	Wasser	950 g
	im Harn	1355 g
	im Kot	120 g
	Zusammen . .	3342 g

Es war also:

Anfangsgewicht	+ Einnahmen	= 70 000 + 3480 = 73 480 g
und Endgewicht	+ Ausgaben	= 70 138 + 3342 = 73 480 g.

Hat die vom Tier gelieferte Energie f o r m Beziehungen zu der A r t der Nahrung? Früher nahm man an, daß für die Muskeltätigkeit namentlich Eiweiß verbraucht würde. Das trifft nicht zu, denn die Stickstoffabgabe[1]), die ein Maß für den Eiweißverbrauch ist, bleibt bei Ruhe und Arbeit gleich. Eiweiß wird zur Arbeitsleistung nur verbraucht, wenn Fette und Kohlehydrate fehlen.

Zur V e r r i c h t u n g m e c h a n i s c h e r A r b e i t werden neben Fetten besonders K o h l e h y d r a t e verbraucht. Die Arbeitsorgane höherer Tiere, die Muskeln, speichern Kohlehydrate in Form von Glykogen und dieser Vorrat nimmt bei Muskeltätigkeit ab. Die Glykogenmenge in den Muskeln einer ausgeruhten Taube beträgt 0,4 bis 0,6 %, in denen einer durch Bewegung ermüdeten 0,1 bis 0,2 %. Das Glykogen wird zu Traubenzucker und dieser zu Kohlen- und Milchsäure abgebaut, weswegen ermüdete Muskeln sauer reagieren (ausgeruhte alkalisch). Bei lange dauernder Arbeit ist zur Erhaltung der Muskelsubstanz auch Eiweiß nötig.

Da dem Verbrauch von Energie eine erhöhte Energiezufuhr gegenüberstehen muß, müssen arbeitende Tiere mehr Nahrung aufnehmen als ruhende. Daher unterscheidet man bei unseren Haustieren ein E r h a l t u n g s f u t t e r und ein A r b e i t s - (o d e r K r a f t -) F u t t e r, bei dem namentlich reichlich Kohlehydrate gereicht werden.

Zur W ä r m e e r z e u g u n g kommt für den tierischen Organismus hauptsächlich der F e t t a b b a u in Frage. Das beruht auf dem hohen Brennwert der Fette (9,3 Cal) und bedingt, daß unser Bedürfnis nach fetthaltiger Nahrung bei niedriger Umgebungstemperatur größer ist als bei hoher. Die Bewohner sehr kalter Klimagebiete bevorzugen sehr fettreiche Kost (Tran).

---

[1]) Im Durchschnitt enthält Eiweiß etwa 16 % N. 1 g N entspricht also $\frac{100}{16} = 6{,}25$ g Eiweiß.

Bei gleichwarmen Tieren sinkt mit steigender Außentemperatur das Nahrungsbedürfnis, da sie dann zur Erhaltung der Eigentemperatur (s. S. 137) weniger Energie brauchen. Anders bei den Wechselwarmen, bei denen die Außentemperatur den Stoffwechsel direkt beeinflußt. Bei ihnen werden die Stoffwechselvorgänge durch höhere Wärmegrade beschleunigt, wodurch ihr Nahrungsbedürfnis vergrößert wird. Der Organismus gehorcht in gewissen Grenzen der van 't Hoffschen oder R. G. T.- (Reaktionsgeschwindigkeitstemperatur-) Regel, die besagt, daß die Geschwindigkeiten chemischer Prozesse bei Temperatursteigerung um 10° C verdoppelt bis verdreifacht werden (Temperaturkoeffizient: $Q_{10} = 2$ bis 3).

Bei den Gleichwarmen besteht eine Beziehung zwischen der Größe des Stoffwechsels und der Wärmeabgabe. Die Wärmeabgabe ist abhängig von der Oberfläche; sie nimmt mit deren Vergrößerung zu. Da bei einem kleinen Körper die Oberfläche im Verhältnis zur Masse größer ist als bei einem sonst ähnlichen großen, ist bei kleinen homoiothermen Tieren der Stoffwechsel relativ größer als bei großen.

Bei jeder vom Menschen konstruierten Maschine, die mit potentieller chemischer Energie (z. B. Kohle) gespeist wird, wird nur ein Bruchteil der zugeführten Energie in mechanische Arbeit verwandelt, der Rest wird als Wärme frei. Der „Nutzeffekt" einer Dampfmaschine z. B. beträgt höchstens bis zu 16 bis 18 %. Ähnlich verhält sich der Organismus; auch bei ihm wird nur ein Teil der Nahrungsenergie in Muskelarbeit verwandelt. Das Verhältnis zwischen der geleisteten Arbeit und der mit den Nahrungsstoffen aufgenommenen Energie nennt man den ökonomischen Quotienten. Er ist für den quergestreiften Säugermuskel etwa $^1/_4$ bis $^1/_3$; der Nutzeffekt dieser organischen Maschine also 25 bis 33 %, d. h. bedeutend größer als bei der Dampfmaschine. Die dabei produzierte Wärmemenge entspricht also etwa 70 bis 75 % der aufgenommenen potentiellen chemischen Energie.

Die physiologischen Nutzwerte der Hauptnahrungsstoffe, Fette, Kohlehydrate und Eiweiße, verhalten sich wie 9,3 : 4,1 : 4,1 (s, S. 30), also wie 1 : 0,44 : 0,44. Es entspricht 1 g Eiweiß 1 g Kohlehydrat und 0,44 g Fett. Kohlehydrate und Fette können sich auch in diesem Verhältnis gegenseitig vertreten (isodynamische Vertretung).

Zur künstlichen Mast von Haustiern verwendet man die billigeren Kohlehydrate reichlicher als die Fette.

Das Eiweiß ist nicht ersetzbar; denn werden einem Tier nur reine Kohlehydrate und Fette gereicht, so baut es sein eigenes Körpereiweiß ab und geht schließlich zugrunde.

Ausschließliche Eiweißernährung ist im allgemeinen nicht möglich. Füttert man einen Hund nur mit ausgekochtem Fleisch, das fast nur noch Eiweiß enthält, so stirbt er früher als bei absolutem Hunger. Dies liegt daran, daß beim Eiweißabbau zum Teil giftige Substanzen entstehen, die durch Salze und andere Stoffe, die dem ausgekochten Fleisch fehlen, zu unschädlichen Verbindungen umgeformt werden müssen. Man versteht in der Physiologie im allgemeinen unter Eiweißkost eine Nahrung, die vorwiegend Eiweiß enthält, also Fleischkost. Eine reine Fleischernährung ist natürlich bei vielen Tieren möglich.

So erhielt ein Hund von 33 kg Gewicht in 24 Stunden 1500 g Fleisch, das 51 g N, 188 g C und 1138 g H_2O enthielt.

An Ausscheidungen wurden festgestellt:	N	C	H_2O
im Harn	50	30	920
im Kot	1	5	29
in der Atemluft	—	149	365
Zusammen	51	184	1314

Die Einnahmen und Ausgaben stimmten also im wesentlichen überein, bis auf etwa 180 g H_2O, die als Trinkwasser hätten gereicht werden müssen.

Bei Eiweißfütterung kann in gewissen Grenzen durch Zugabe von Fetten oder Kohlehydraten Eiweiß gespart werden. So ließ sich der erwähnte Hund auch mit 500 g Fleisch und 100 g Fett erhalten, wobei er sogar noch Substanz ansetzte.

Für Pflanzenfresser ist die Stoffwechselberechnung bedeutend schwerer, da bei ihnen die Nahrung viel schlechter ausgenutzt wird. Bei einem Pferd, das 10 000 g Hafer, Heu und Häcksel erhält, geht etwa $^1/_3$ des Futters unausgenutzt mit dem Kot ab.

Die größte Schwierigkeit bei der Aufstellung von „Stoffwechselbilanzen" bereiten die mit der Atemluft aufgenommenen und abgegebenen Gase. Von diesen müssen bei derartigen Versuchen in sogenannten Respirationsapparaten Proben entnommen werden, aus denen die zugeführten und abgegebenen Mengen an Sauerstoff und Kohlensäure berechnet werden können. Man nennt das Verhältnis zwischen den Volumina der abgegebenen Kohlensäure und des aufgenommenen Sauerstoffes, $\frac{CO_2}{O_2}$, den respiratorischen Quotienten (RQ). Der RQ. ist physiologisch sehr wichtig, denn er erlaubt ein Urteil darüber, welche Stoffe im Tierkörper abgebaut werden. Er ist nämlich für die einzelnen Nahrungsstoffe verschieden hoch, und zwar für Kohlehydrate etwa 1, für Fette 0,70 bis 0,74 und für Eiweiß 0,77 bis 0,80. Dies zeigt folgende Betrachtung:

Ein Fettkörper, etwa das auf Seite 18 besprochene Tripalmitin hat die Formel $(C_{15}H_{31}COO)_3 \cdot C_3H_5 = C_{51}H_{98}O_6$. Im Molekül sind also vorhanden: 51 Atome C, 98 Atome H und 6 Atome O. Um die 51 Atome C zu 51 Molekülen CO_2 zu verbrennen, sind $2 \cdot 51 = 102$ Atome O nötig. Zur Verbrennung der 98 Atome H zu 98 Molekülen H_2O sind $\frac{98}{2} =$ 49 Atome O nötig. Zusammen werden also zur Verbrennung des Tripalmitinmoleküls $102 + 49 = 151$ Atome O gebraucht. Im Molekül selbst sind 6 Atome O enthalten, so daß also $151 - 6 = 145$ Atome O oder $\frac{145}{2} = 72{,}5$ Moleküle O_2 zur Verbrennung aufgenommen werden müssen. Der R. Q ist demnach: $\frac{CO_2}{O_2} = \frac{51}{72{,}5} = 0{,}7$.

Die Kohlehydrate, z. B. Traubenzucker ($C_6H_{12}O_6$), enthalten H und O im Verhältnis des Wassermoleküls, so daß aus den 12 H- und 6 O-Atomen 6 Moleküle H_2O werden. Es müssen nur noch die zur Verbrennung der 6 Atome C zu 6 Molekülen CO_2 nötigen 12 Atome $O = 6$ Moleküle O_2 hinzukommen. Der R. Q. $\frac{CO_2}{O_2}$ ist also $= \frac{6}{6} = 1{,}0$. Es läßt sich aus der Höhe des R. Q. ein Schluß auf die Art der verbrauchten Stoffe ziehen. Hohe Quotienten sprechen für Kohlehydrate, mittlere für Eiweiß und niedrige für Fette. Bei Pflanzenfressern, z. B. Kaninchen, kann bei Hunger der R. Q. auf 0,7 sinken, weil die Tiere dann ihr Körperfett verbrennen. Manchmal wird der R. Q. auch größer als 1, nämlich, wenn noch aus anderen Vorgängen als aus der Verbrennung mit Sauerstoff CO_2 erzeugt wird, so z. B. bei der Anoxybiose (s. S. 30), wo durch Gärung CO_2 entsteht.

Die letzten Glieder im Stoff- und Energiewechsel sind die Vorgänge, die einerseits aus einem Teil der Nahrungsstoffe die für den Betriebsstoffwechsel nötige Energie frei machen oder energieliefernde Stoffe speichern und andererseits aufgenommene Substanzen zu arteigenen Stoffen umbauen. Diese Prozesse spielen sich hauptsächlich in den Zellen ab. Der wichtigste Energielieferant ist der Traubenzucker (s. S. 20), der zunächst durch Gärung (s. S. 28), also ohne Sauerstoffzufuhr, durch eine Zymase in dem Vorgang der Glykolyse in Milchsäure umgeformt wird: $C_6H_{12}O_6 = 2C_3H_6O_3$. Hierbei wird verhältnismäßig wenig Energie frei. Die Hauptenergiemenge wird dann bei der Oxydation der Milchsäure zu Kohlensäure und Wasser geliefert: $C_3H_6O_3 + 3\,O_2 = 3\,CO_2 + 3\,H_2O$. Bei diesem Vorgang, der Zellatmung, handelt es sich um das Wirken einer Kette von oxydierenden und reduzierenden Fermenten. Das „Atmungsferment" (s. S. 28) überträgt den von der Zelle aufgenommenen Sauerstoff auf andere Häminverbindungen, die eisenhaltigen Cytochrome. Sie reagieren nicht mit dem molekularen Sauerstoff der Luft, jedoch mit dem Sauerstoff, der von dem Atmungsferment dadurch in Freiheit gesetzt wird, daß durch den in die Zellen aufgenommenen Sauerstoff die Valenz des Fermenteisens sich verändert: aus Fe^{++} wird Fe^{+++}. Bei der Reduktion ($Fe^{+++} \longrightarrow Fe^{++}$) wird der freiwerdende Sauerstoff auf die Cytochrome übertragen. Diese reagieren jedoch auch noch nicht mit den eigentlichen Verbrennungsstoffen, sondern übertragen den vom Atmungsferment aufgenommenen Sauerstoff auf das eisenfreie sogenannte gelbe Oxydationsferment, das aus einer Eiweißkomponente und einer Wirkungsgruppe besteht, die mit der Lactoflavinphosphorsäure identisch ist. Das gelbe Oxydationsferment enthält also Vitamin B_2 (s. S. 25). Den zu oxydierenden Stoffen muß nun Wasserstoff entzogen werden, der sich mit dem Sauerstoff des oxydierten gelben Ferments zu Wasser verbindet. Dies geschieht durch das sogenannte wasserstoffübertragende Ferment. Es zerfällt leicht in eine Eiweißkomponente und ein Koferment, dessen wirksame Substanz das Pyridin ist, das reversibel hydrierbar ist und sich durch Aufnahme von 2 Wasserstoffatomen in Dihydropyridin verwandelt. Bei dem Vorgang der Zellatmung treten also zur Übertragung des Sauerstoffs auf die Substrate (hauptsächlich Kohlehydrate) die Fermente in der folgenden Reihenfolge in Tätigkeit:

Sauerstoff → Atmungsferment → Cytochrome → gelbes Oxydationsferment ← wasserstoffübertragendes Ferment Substrat. Die Zellatmung ist eine „Strukturatmung", d. h. sie ist an bestimmte Zellstrukturen (Granula) gebunden. Weitgehende Zerstörung der Zellen verhindert sie nicht; jedoch hört sie nach völliger Zermalmung der Zelltrümmer auf.

Die kurz beschriebenen Vorgänge bewirken aber nicht nur einen Abbau (Dissimilation) der Nahrungsstoffe, sondern es laufen gleichzeitig enzymatische Prozesse ab, die aus einfacheren Stoffen kompliziertere Verbindungen aufbauen (Assimilation), die entweder als Reserven abgelagert oder als körpereigene Stoffe in die Zellen und Gewebe eingebaut werden. Der tierische Organismus kann auch die aufgenommenen und eingelagerten Stoffe umbauen, z. B. kann er aus Eiweiß Kohlehydrate und Fette herstellen oder Fette in

Kohlehydrate und Kohlehydrate in Fette verwandeln. Er vermag auch aus Kohlehydraten, resp. Brenztraubensäure, Aminosäuren aufzubauen, wobei er den Stickstoff aus dem Ammoniak bezieht.

III. ERNAHRUNG

Unter Ernährung versteht man die Einverleibung fester und flüssiger Nahrungsstoffe. Man könnte auch die Aufnahme des gasförmigen Sauerstoffes hierher rechnen; jedoch soll diese aus methodischen Gründen bei der Atmung (s. S. 77 ff.) besprochen werden. Unter Ernährung versteht man aber nicht nur die Aufnahme der Nahrung in Körperhöhlen, wie Därme und ähnliches, da diese physiologisch noch zur Außenwelt des Tieres gehören, sondern Aufnahme in die Körpergewebe selbst. Die Nahrung wird also zunächst aufgenommen, dann mechanisch und chemisch verarbeitet, verdaut, so daß sie den Geweben zugeführt, resorbiert, werden kann. Die nicht resorbierten Teile der Nahrung müssen aus dem Körper entfernt, defäziert, werden. Danach kann man den Vorgang der Ernährung in 4 Abschnitte gliedern, nämlich in: a) Nahrungsaufnahme, b) Verdauung, c) Resorption und d) Defäkation.

a) Nahrungsaufnahme

Die Aufnahme der Nahrungsstoffe aus der Umwelt der Tiere kann in sehr verschiedener Weise vor sich gehen. Es gibt Tiere, die gelöste Stoffe auf osmotischem Wege durch ihre Körperoberfläche aufnehmen. Besondere Organe zur Aufnahme und Verarbeitung der Nahrung (wie Münder und Därme) sind dann nicht nötig und auch oft nicht vorhanden. Diese Ernährungsweise ist nur bei Tieren möglich, die in resorbierbaren Nährlösungen leben, wie viele Parasiten (z. B. Cestoden und viele Protozoen) und bei in sich zersetzenden organischen Stoffen vorkommenden Protozoen.

Geformte Nahrung wird von manchen Tieren durch beliebige Stellen der Körperoberfläche aufgenommen, indem feste Nahrungskörper von Teilen des Plasmaleibes umflossen werden (z. B. Rhizopoden).

Die weitaus größte Zahl der Tiere nimmt flüssige und feste Nahrung durch besondere Körperöffnungen (Münder und Cytostome) auf. Nach der Art und Weise, in der dies vor sich geht, kann man verschiedene Typen unterscheiden:

Strudler: Wassertiere, die durch besondere Einrichtungen (z. B. Wimperapparate) Wasserströme erzeugen, in denen Nahrungsteilchen enthalten sind, die durch Filter festgehalten werden, während das Wasser abläuft (die meisten Ciliaten, Schwämme, Muscheln, Tunikaten, *Branchiostoma*, *Daphnia*).

Schlamm- und Sandfresser: Sie nehmen mittels des Mundes Schlamm, Sand oder ähnliche Substrate auf, denen sie im Darm die brauchbaren Stoffe entziehen, während die große Menge der nicht ausgenutzten Substanzen den Darm passiert (Regenwürmer, *Arenicola*, viele Holothurien).

Säftesauger: Tiere, die durch besondere Saugvorrichtungen organische Flüssigkeiten einsaugen. Hierher gehören die vielen Parasiten, die ihre Wirtstiere oder Pflanzen anbohren und entweder zeitweilig (temporäre Parasiten, wie Blutegel, *Argulus*, viele stechende Insekten) oder dauernd (stationäre Parasiten, wie Trematoden, viele Nematoden) deren Körpersäfte saugen. Die auf den Wirten schmarotzenden Formen nennt man Ektoparasiten (z. B. Blattläuse, Zecken, Tierläuse), die in ihnen lebenden Entoparasiten (z. B. Eingeweidewürmer, Schlupfwespenlarven). Frei in der Natur vorkommende Nahrungssäfte (Nektar) werden von Bienen, Schmetterlingen und anderen Blüteninsekten aufgesogen. Die jungen Säugetiere kann man ebenfalls zu den Säftesaugern zählen.

Schlinger: Sie verschlucken größere tierische oder pflanzliche Organismen im ganzen (manche Ciliaten, die meisten Cölenteraten, Amphibien, Schlangen, manche Vögel, Zahnwale).

Zerkleinerer: Bei ihnen wird die Nahrung mechanisch zerkleinert und in „Bissen“ verschluckt (viele Arthropoden, Schnecken und Wirbeltiere).

Zersetzer: Sie verflüssigen feste Nahrungsteile mit Hilfe von Sekreten außerhalb ihres Körpers (extraintestinale Verdauung) und saugen die so entstandenen Säfte ein (einige Mollusken, Spinnen, manche Insekten und deren Larven, Seesterne).

Bezüglich der Art der Nahrung lassen sich folgende Tiergruppen unterscheiden:

Pflanzenfresser (Herbivoren); die hauptsächlich pflanzliche Kost zu sich nehmen (viele Insekten, Nager und Huftiere).

Allesfresser (Omnivoren), die etwa im gleichen Maße pflanzliche und tierische Substanzen fressen (Ameisen, Wespen, viele Vögel, manche Säuger, wie Igel, Landbären, Schweine, Mensch).

Fleischfresser (Carnivoren), die sich hauptsächlich von Tieren oder deren Teilen ernähren. Lebende Tiere werden häufig im ganzen oder stückweise verschlungen oder vorher auf mechanische oder chemische (Giftschlangen, Skorpione) Weise getötet. Die Gruppe ist sehr groß (Cölenteraten, Echinodermen, viele Fische, Amphibien, Reptilien, Raubvögel, Eulen, Raubsäuger).

Fäulnisfresser (Saprophagen), die sich zersetzende organische Stoffe aufnehmen. Hierher gehören viele Protozoen und Würmer sowie die Kot- und Aasfresser unter den Insekten (Mistkäfer, Fliegenlarven).

Die einzelnen Tierarten verhalten sich sehr verschieden in bezug auf die Anpassung an bestimmte Nahrungsstoffe. Es gibt Formen, die fast alle organischen Substanzen aufnehmen und ausnutzen können (viele Vorratsschädlinge des Menschen). Manche Tierarten sind jedoch an ganz bestimmte Stoffe angepaßt und können nur von diesen leben. Solche „Ernährungsspezialisten“ sind viele Schmarotzer, die nur an oder in gewissen Wirten bzw. bestimmten Organen oder Geweben leben können, oder Schmetterlingsraupen, die auf spezielle Pflanzenarten angewiesen sind. Einige Spezialisten vermögen Stoffe, die im allgemeinen von Tieren nicht verwertet werden können, auszunutzen; so fressen die Larven der Pelzmotten *(Tineola, biseliella, pelionella, tapetiella)* und die Mallophagen das Keratin der Hornsubstanzen und die Raupen der „Wachsmotten“ *(Galleria mellonella, Achroea grisella)* das Wachs der Bienenwaben, deren Verunreinigungen durch Larvenhäute, Bienenmadenkot u. dgl. den nötigen N_2 liefern.

b) Verdauung

Unter Verdauung im weiteren Sinne sind alle die Vorgänge zu verstehen, die dazu dienen, die Nahrung resorptionsfähig zu machen. Man muß also die mechanische Zerkleinerung durch Zähne, Reibplatten, Kaumägen usw. hierher rechnen. Die wesentlichste Phase im Verdauungsvorgang ist jedoch die chemische Aufschließung der Nahrungsstoffe, d. h. die Zerlegung komplizierter Verbindungen in einfache lösliche Stoffe. Dies geschieh durch spezifische Fermente (s. S. 26).

Der Abbau der wichtigsten Nahrungsstoffe, der Eiweißkörper, Kohlehydrate und Fette, scheint, soweit bisher bekannt, in ziemlich übereinstimmender Weise bei verschiedenen Tiergruppen vor sich zu gehen (allerdings sind unsere Kenntnisse, namentlich bezüglich der Wirbellosen, noch recht mangelhaft).

Das E i w e i ß, das nicht diffundibel, jedoch koagulierbar ist, wird zunächst in A l b u m o s e n und P e p t o n e, die diffundibel und nicht oder schwer koagulierbar sind, gespalten. Diese werden dann weiter in A m i n o s ä u r e n und andere Verbindungen zerlegt. Die wichtigsten Eiweiß abbauenden Fermente sind: P e p s i n, das nur bei saurer Reaktion (Optimum bei $P_H = 1{,}4$ bis 2) wirkt, und Eiweiß in Albumosen und Peptone spaltet; T r y p s i n, das, durch Enterokinase aktiviert, bei alkalischer Reaktion (Optimum bei $P_H = 8{,}2$ bis 8,7) Eiweiß und Peptone zu den Polypeptiden; E r e p s i n, das bei neutraler und schwach alkalischer Reaktion (Optimum bei $P_H = 7$ bis 8) Polypeptide zu Aminosäuren abbaut; L a b f e r m e n t (Chymosin), das bei saurer und schwach alkalischer Reaktion (Optimum bei $P_H = 3$ bis 5) wirkt. Es verwandelt das Kaseinogen (früher Kasein genannt) der Milch in unlösliches Kasein (Parakasein), das sich mit den Kalksalzen der Milch verbindet. Das Gerinnsel unterliegt der Pepsinverdauung. Außer durch vom Tier selbst erzeugte Fermente, wird das Eiweiß im Tierkörper auch noch mit Hilfe von Bakterien vergärt (Eiweißfäulnis). Es wird durch sie in verwickelten und zum Teil wenig geklärten chemischen Prozessen zu Polypeptiden, Aminosäuren und NH_3 sowie zu einigen anderen Stoffen abgebaut. Von diesen nenne ich heterozyklische Verbindungen, die meist durch typische, für den Menschen unangenehme Gerüche (Fäkalgerüche) ausgezeichnet sind, wie das Indol (Benzopyrrol):

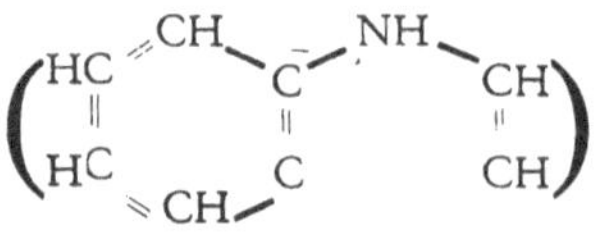

das Skatol (C_9H_9N) und den aromatischen Körper Phenol (C_6H_5OH), sowie einige Gase, wie flüchtige Fettsäuren, Schwefelwasserstoff (H_2S), Sumpfgas (Methan CH_4), H_2 und CO_2.

Bei der Verdauung der Kohlehydrate werden Polysaccharide und Disaccharide in Monosaccharide zerlegt. So wird Stärke und Glykogen $(C_6H_{10}O_5)n$ in Dextrine und dann weiter in Maltose ($C_{12}H_{22}O_{11}$) und schließlich in Traubenzucker ($C_6H_{12}O_6$) gespalten. Die wichtigsten hierbei tätigen Fermente sind: Die Speichelamylase (Ptyalin), die Polysaccharide in Dextrine und Maltose verwandelt und bei neutraler oder schwach alkalischer Reaktion wirkt. Die Maltase spaltet Maltose in Traubenzucker (Optimum bei $P_H = 6{,}6$) und die Laktase die Laktose in Traubenzucker und Galaktose. Zellulasen, die die Zellulose in Monosaccharide zerlegen, finden sich nur bei einigen Wirbellosen, die Reservezellulose (Lichenose) mittels der Lichenase verdauen. Rohrzucker wird durch verdünnte Säuren invertiert. Wichtig ist auch die Vergärung der Kohlehydrate durch Bakterien (Verdauungssymbiose), wobei Essigsäure, Bernsteinsäure, Milchsäure usw. entsteht. Von besonderer Bedeutung ist für manche Pflanzenfresser die

Aufschließung der Zellulose durch Mikroorganismen, wobei Fettsäure und Gase (CO_2, CH_4, H_2) gebildet werden.

F e t t e werden in Glyzerin und Fettsäuren zerlegt, und zwar mit Hilfe der L i p a s e n (Optimum bei $P_H = 7$ bis 8,5), durch die saures und ranziges Fett emulgiert und gespalten wird. Ihre Wirkung wird durch Salze aus der Gallenflüssigkeit und andere Stoffe begünstigt. Auch Vergärung der Fette in Glyzerin und niedere Fettsäuren findet statt.

Je nachdem, ob der Verdauungsvorgang im Innern von Zellen oder außerhalb der Zellverbände abläuft, unterscheidet man zwei Arten der Verdauung: 1. I n t r a z e l l u l ä r e o d e r p h a g o c y t ä r e V e r d a u u n g : feste Nahrungskörper werden in das Plasma von Zellen aufgenommen, in dem sie von Flüssigkeitsvakuolen umgeben werden. Die Fermente wirken in diesen Vakuolen — also in den Zellen selbst — auf die Nahrungsstoffe. 2. E x t r a z e l l u l ä r e V e r d a u u n g : hierbei werden Enzyme von den Zellen nach außen abgegeben und beeinflussen Nahrungsstoffe, die sich entweder in Verdauungshöhlen (Därmen) oder außerhalb des Tierkörpers (Außenverdauung) befinden. Es können auch beide Verdauungsarten bei demselben Tier nebeneinander vorkommen (z. B. Cölenteraten).

c) Resorption

Hierunter versteht man die Aufsaugung der verdauten Nahrungsstoffe und ihre Aufnahme in die Körperflüssigkeiten und Gewebe. Da die Aufsaugfähigkeit der Wände der Verdauungshöhlen mit zunehmender Oberfläche wächst, finden wir vielfach bei den Därmen der Tiere Einrichtungen, die zur Vergrößerung dieser Oberflächen dienen. Sie können in der Ausbildung von Falten, Zotten und Blindsäcken bestehen. Außerdem sind die Därme meist länger als die Tierkörper und in Windungen und Schlingen gelegt. Die Länge des Darmes hat Beziehungen zu der Ausnutzbarkeit der Nahrung: Tiere, die die Nahrung gut ausnutzen, wie die Fleischfresser, haben relativ kurze Därme; die Därme der schlechten Nahrungsausnutzer, der Pflanzenfresser und noch mehr der Kotfresser, sind lang im Verhältnis zur Körperlänge.

Es verhält sich die Körperlänge zur Darmlänge bei einigen Fleischfressern: Katze 1 : 3, Hund 1 : 5, Schwimmkäfer *Dytiscus* 1 : 1, bei einigen Allesfressern: Schwein 1 : 14, Mensch 1 : 9,5; bei einigen Pflanzenfressern: Schaf 1 : 24, Rind 1 : 21, Maikäfer 1 : 7 und bei dem kotfressenden Mistkäfer *Scarabaeus* 1 : 13,3. Die Beziehung zwischen Art der Nahrung und Darmlänge kommt bei Versuchen zum Ausdruck, bei denen allesfressenden Froschlarven einerseits nur pflanzliche, andererseits nur tierische Nahrung gereicht wurde. Bei den mit Pflanzen ernährten verhielt sich die Körper- zur Darmlänge wie 1 : 7, bei den mit Fleisch gefütterten wie 1 : 4,4.

Die verdauten und damit resorbierbar gewordenen Stoffe gelangen durch die Wände der Verdauungshöhlen hindurch in die Körperflüssigkeiten der Tiere. Zum Teil geschieht dies durch Filtration, Diffusion und Osmose. Außerdem müssen jedoch noch andere, bisher unbekannte Faktoren beteiligt sein, durch die die lebenden Zellen aktiv eingreifen. Dies zeigt sich unter anderem in einer Art „Auswahlvermögen"; denn es werden z. B. Disaccharide, die löslich und gut diffundibel sind, nicht durch die lebende Darmwand hindurchgelassen. Z. T. mag diese selektive Permeabilität darauf beruhen, daß die Zellwände Membranen mit sehr kleinen Poren — Ultrafilter — sind, die Teilchen von ultramikroskopischen Ausmaßen, Ultramikronen, wie die Kolloide sie bilden, zurückhalten. Nach der Lipoidtheorie der Permeabilität werden in Lipoiden (s. S. 19) lösliche Stoffe besonders rasch resorbiert; und zwar um so rascher, je lipoidlöslicher sie sind. Da die Zellwände aus Eiweiß und Lipoiden bestehen, haben diese Stoffe so die Möglichkeit, die Membranen zu durchdringen.

Das Schicksal der einzelnen Nahrungsstoffe bei der Resorption ist verschieden: Eiweißkörper werden als Aminosäuren resorbiert, die sich in den Gewebsflüssigkeiten nachweisen lassen. Kohlehydrate werden als Traubenzucker aufgenommen, der sich nach der Nahrungsaufnahme in den Körperflüssigkeiten findet. In einigen Organen (z. B.

in der Leber der Säuger) werden sie als Glykogen abgelagert, und aus diesen Speichern dem Körper nach Bedarf wieder Monosaccharide geliefert. Die Aufsaugung der Fette geschieht als Fettsäuren, Glyzerin und Seifen. Aus diesen Stoffen wird in der Verdauungshöhlenwand wieder Neutralfett hergestellt, das als Emulsion in die Körperflüssigkeiten gelangt. Von ihnen wird es zu den Organen transportiert und bei Überfluß in Bindegewebszellen oder besonderen „Fettkörpern" (z. B. bei Insekten und Amphibien) abgelagert (Depotfett). Die Organe entnehmen ihren Bedarf an Stoffen für den Bau- und Betriebsstoffwechsel den Körperflüssigkeiten. Über das weitere Schicksal der Stoffe wurde schon gesprochen (s. S. 36).

d) Defäkation

Die Defäkation dient der Entfernung der mit der Nahrung aufgenommenen nichtresorbierbaren Stoffe, sowie von Abfällen des Stoffwechsels. Diese Substanzen werden nach außen als Kot entleert. Da die Ausnutzung der Nahrung sehr verschieden groß ist, ist die Zusammensetzung des Kotes quantitativ und qualitativ verschieden. Die relative Kotmenge und ihr Gehalt an unausgenutzten Nahrungsstoffen ist bei Pflanzenfressern viel größer als bei Fleischfressern (s. S. 35). Ihre Fäkalien können oft noch anderen Tieren als Nahrung dienen (z. B. der Kot der Huftiere den Mistkäfern und Sperlingen). Die Konsistenz des Kotes ist nach Tierart und Wassergehalt sehr verschieden. Im allgemeinen enthalten die Exkremente, außer den Endprodukten der Verdauung, Abfallstoffe des Tierkörpers (Epithelfetzen, Sekrete usw.) und unverdaute Nahrungsreste.

e) Die Ernährung bei den verschiedenen Tiergruppen

Bei Protozoen kommen die verschiedenartigsten Ernährungsweisen vor. Es gibt autotrophe Formen, die grünen Flagellaten (z. B. *Euglena, Phacus, Chlorogonium),* die mit Hilfe von Chromatophoren aus H_2O und CO_2 Polysaccharide aufbauen (s. S. 29). Die Mehrzahl der Einzelligen ernährt sich jedoch holozoisch. Von organischen Lösungen, die osmotisch aufgenommen werden, leben viele parasitische Formen (Trypanosomen, Sporozoen, *Opalina)* und die Saprophagen (z. B. *Peranema).* Durch Umfließen verleiben sich die Rhizopoden und einige nicht mit einer Pellicula umgebene andere Formen feste Nahrungskörper ein. Das bekannteste Beispiel sind die Amöben, nach denen diese Ernährungsweise „amöboid" genannt wird. Eine Kombination dieser Art der Nahrungsaufnahme mit der der Strudler zeigen die Choanoflagellaten, die durch Geißelschlag Nahrungspartikel herbeistrudeln. Diese bleiben an dem klebrigen „Kragen" außen haften, werden von Plasmaströmungen zum Zellkörper transportiert und hier von Plasmafortsätzen umflossen (Abb. 2). Es gibt bei den Portozoen auch echte Schlinger, die durch den Zellmund (Cytostom) große Beutestücke ganz hinabwürgen. Hierher gehören einige Ciliaten, wie *Coleps,* die relativ riesige Organismen verschlucken, die Mehrzahl der Ciliaten strudelt sich die Nahrungspartikel durch den Peristomwimperschlag herbei. Am Grunde des Zellschlundes (Cytopharynx) entsteht eine strömungslose Stelle, an der sich die Nahrungsbrocken ansammeln, und von wo aus sie zu Klumpen geballt durch das Cytostom in die Zelle befördert werden (Abb. 3). Außenverdauer sind die Suctorien, die andere Mikroorganismen mit klebrigen Saugfortsätzen festhalten und mittels eines Sekretes töten, verdauen, und das gelöste Plasma einsaugen.

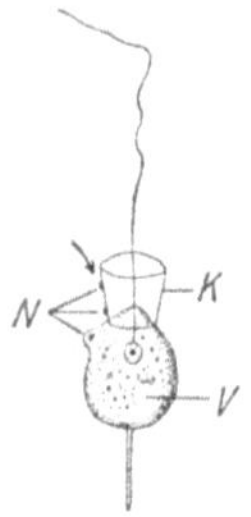

Abb. 2. Choanoflagellat (in Anlehnung an Kühn). K = „Kragen", N = Nahrungkörper, V = kontraktile Vakuole.

Es gibt unter den Einzellern Pflanzenfresser (viele Amöben und Ciliaten *(Paramaecium),* die sich hauptsächlich von Diatomeen und Bakterien ernähren), Allesfresser *(Stentor),* Fleischfresser *(Coleps,* Suctorien) und Fäulnisfresser *(Peranema).* Tierparasiten sind die Trypanosomen und Sporozoen, und ein Pflanzenparasit ist die Amöbe *Vampyrella,* die Algen-

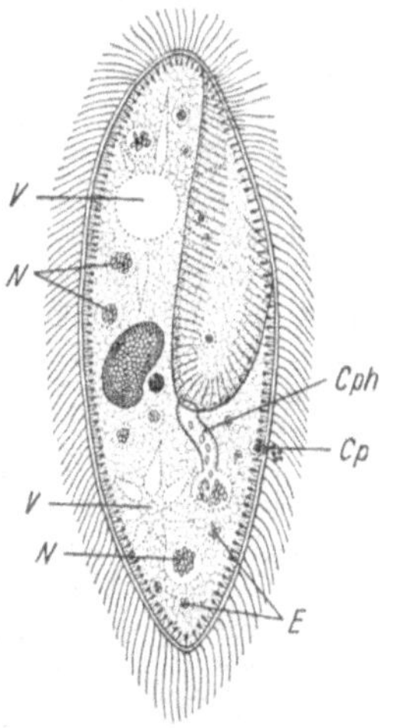

Abb. 3.
Paramaecium (Infusor), Cp = Cytopyge, Cph = Cytopharynx, E = Exkretkristalle, N = Nahrungsvakuolen, V = kontraktile Vakuolen.

zellen aussaugt. Von besonderem Interesse ist es, daß es Protozoen gibt, die in den Verdauungshöhlen anderer Tiere leben (z. B. bei Huftieren und Termiten) und hier die Zellulose, die für die meisten höheren Tiere nicht aufschließbar ist, verdauen (Verdauungssymbiose).

Der Verdauungs- und Resorptionsvorgang verläuft, soweit bekannt, bei den Einzellern ziemlich gleichartig. Die Nahrungskörper werden in Vakuolen aufgenommen, mit denen sie in der Zelle in typischer Weise umherwandern (Zyklose, Abb. 2 u. 3). Am Rande der Vakuolen treten im Plasma Granula (Enzyme oder deren Vorstufen) auf, die in die Vakuolen eintreten und sich dort auflösen. Die Nahrung wird in der Vakuole verdaut und von der Blasenwand resorbiert. In der ersten Phase dieses Vorganges (primäre Vakuole) reagiert der Blaseninhalt sauer, in der letzten (sekundäre Vakuole) alkalisch. Die unverdaulichen Reste werden durch Platzen der Vakuolenwand — meist an einer bestimmten Stelle, der Cytopyge (Abb. 3) — nach außen, entleert. Auf diese Weise verdauen die Einzeller mit Enzymen, die wohl denen der Metazoen ähnlich sind, Eiweiß, Kohlehydrate und Fette. Auch Speicherung von Kohlehydraten (Paramylum und Paraglykogen) und Fetten (Öl) findet statt.

Die S c h w ä m m e sind Strudler, die durch den Schlag der Kragengeißelzellen Wasserströme erzeugen, die durch die Poren in den Gastralraum und durch die Oscula wieder nach außen fließen. Die in ihnen suspendierten organischen Partikel werden gegen die Kragen der Choanocyten des gastralen Entoderms (Abb. 4) oder der Radialtuben und Geißelkammern geschleudert und von den Zellen in gleicher Weise wie bei den Choanoflagellaten (s. S. 46) aufgenommen. Sie werden intrazellulär verdaut. Der Weitertransport der Nahrung findet wahrscheinlich durch Wanderzellen statt. Kohlehydrate und Fette werden in den Choanocyten gespeichert.

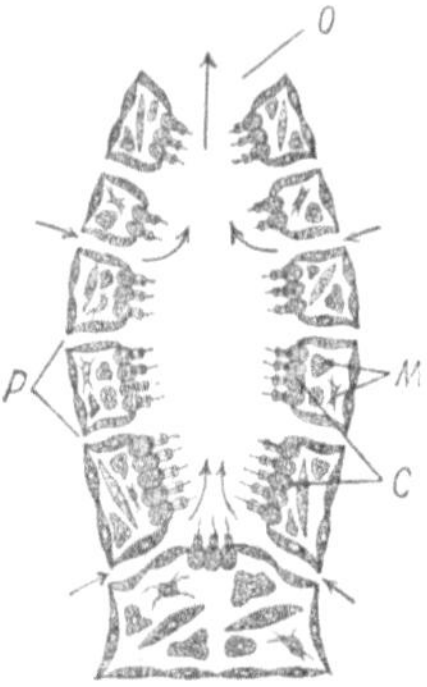

Abb. 4. Schema eines Schwammes. C = Choanocyten, M = Mesenchymzellen, O = Oskulum, P = Poren. Pfeile = Richtungen der Wasserströme.

Die meisten Cölenteraten sind Schlinger, die lebende Beutetiere mit den Tentakeln oder dem Magenstiel (Medusen) ergreifen, durch die Sekrete der Nesselkapseln lähmen und töten (z. T. auch verdauen) und im ganzen hinabwürgen. Der Verdauungsvorgang ist am besten bei *Hydra* bekannt: Der Darm besteht aus einem einfachen Hohlraum (Gastralraum), der von zwei Arten von Zellen, Nährmuskelzellen und Drüsenzellen, ausgekleidet ist. Die im ganzen aufgenommene Nahrung wird mit Sekreten aus den Drüsenzellen übergossen und durch Fermente in einzelne Brocken zerlegt (extrazelluläre Vorverdauung, Abb. 5 b). Diese werden von den Nährmuskelzellen, die vorübergehend ihre Geißeln verlieren, amöboid aufgenommen (Abb. 5 c) und in Vakuolen verdaut (intrazelluläre Hauptverdauung). Hier wird auch resorbiert. Die unverdauten Reste werden aus dem Gastralraum (Abb. 5 d) durch den Mund entleert (Defäkation). Die Verteilung der Nährstoffe erfolgt frei durch den Gastralraum und wohl auch durch Diffusion von Zelle zu Zelle. Man kann die extrazellulären Sekrete von *Hydra* mittels eines an einem Haar befestigten Schwammes, den man von dem Polypen verschlingen läßt, gewinnen. Mit den Sekreten angestellte Verdauungsversuche ergaben das Vorhandensein einer Protease und einer Amylase.

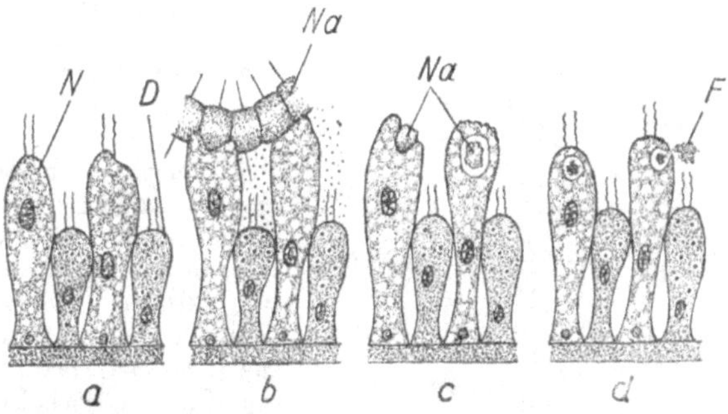

Abb. 5.

Schema der Verdauung bei *Hydra* (Süßwasserpolyp). a) Entodermzellen in Ruhe; b) extrazelluläre Vorverdauung durch Sekrete der Drüsenzellen; c) phagocytäre Aufnahme der vorverdauten Nahrung in die Nährmuskelzellen; d) Defäkation. D = Drüsenzelle, F = Fäzes, N = Nährmuskelzelle, Na = Nahrung.

Bei Anthozoen (Aktinien) werden die Verdauungssekrete hauptsächlich in den Mesenterialfilamenten gebildet, die sich der Beute anschmiegen. Die Rhizostomeen verdauen größere Beutestücke extraintestinal und saugen die gelösten Nahrungsstoffe durch feine Kanälchen ein.

Bei den niederen Würmern (Scoleciden) sind die Ernährungsverhältnisse sehr verschieden. Die Turbellarien sind karnivore Schlinger. (Einige Rhabdocöle fressen auch Algen und Diatomeen.) Sie ernähren sich von lebenden und toten Tieren. Entweder stürzen sie sich auf die Beute und ergreifen sie mit dem Pharynx (Rhabdocöle), oder sie kriechen auf ihre Opfer und hüllen sie in Schleim, wobei der

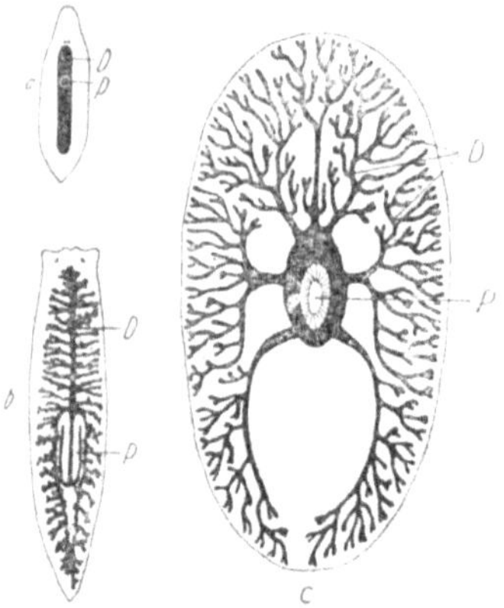

Abb. 6.
Schemata von Turbellariendärmen: a) Rhabdocöl; b) Triclade; c) Polyclade. D = Darm, P = Pharynx.

Rüssel ausgestülpt wird und ein lähmendes und verdauendes Sekret ergießt (z. B. Tricladen). Die extraintestinal angedaute Nahrung wird dann durch den Pharynx eingewürgt. Außer bei Acölen, bei denen die Verdauung in Vakuolen des Parenchyms stattfindet, gelangt die Nahrung in den Darm, der bei kleinen Formen (Rhabdocölen) stabförmig (Abb. 6 a), bei mittelgroßen (Tricladen) mäßig (Abb. 6b) und bei großen (Polycaden) stark (Abb. 6 c) verästelt ist. Der Darm und seine Äste dienen hier, außer zur Verdauung, auch der Verteilung der Nahrungsstoffe (Gastrovaskularsystem) und müssen daher bei größeren Formen, bei denen Diffusion durch das Körperparenchym nur in relativ geringem Maße möglich ist, in die Nähe aller Organe reichen. Ein After fehlt, so daß die Defäkation durch den Pharynx erfolgt. Im Darmepithel stehen einzellige Drüsen und amöboid bewegliche Zellen. Die ersten dienen der extrazellulären Verdauung (hauptsächlich von Eiweiß), die letzten der intrazellulären Hauptverdauung. In den Darmzellen und im Parenchym werden Eiweiß und Fett gespeichert. Die Turbellarien können erstaunlich lange (bis zu einem Jahr) ohne Nahrung auskommen. Dabei nimmt ihre Körpergröße ab, da sie Organe einschmelzen; und zwar werden die für das Individuum am meisten entbehrlichen Teile (Geschlechtsorgane) zuerst verbraucht. Das Nervensystem bleibt am längsten verschont. Die Größenabnahme der Hungertiere bei *Planaria alpina* zeigt folgende Tabelle (nach S t o p p e n b r i n k):

Datum	Gefütterte Gruppe		Hungernde Gruppe	
	Größtes Tier	Kleinstes Tier	Größtes Tier	Kleinstes Tier
	Länge : Breite mm	Länge : Breite mm	Länge : Breite mm	Länge : Breite mm
16. 3. 03 . . .	13 : 2	10 : 1	13 : 2	10 : 1
15. 6. 03 . . .	17 : 2,5	12 : $1^1/_3$	10 : $1^1/_3$	6 : $^2/_3$
15. 9. 03 . . .	17 : 2,5	13 : 2	7 : 1	4 : $^1/_3$
15. 12. 03. . .	17 : 2,5	14 : 2	$3^1/_2$: $^1/_2$	$2^1/_2$: $^1/_3$

Rein parasitische Wurmgruppen sind die Trematoden und Cestoden. Sie schmarotzen nur bei Tieren, und zwar die geschlechtsreifen Bandwürmer meist in den Därmen, wo sie aus dem Nahrungsbrei des Wirtes osmotisch mit der ganzen Körperoberfläche Nährstoffe aufnehmen. Es fehlt ihnen daher der Darm. Die Trematoden sind Sauger, die mit Hilfe ihres Mundsaugnapfes und eines muskulösen Pharynx (Abb. 7) Blut und andere Körpersäfte, sowie Gewebsfetzen der Wirte in ihren afterlosen Darm pumpen. Auch hier haben die kleinen Formen (z. B. *Dicrocoelium lanceatum)* unverzweigte, die großen (z, B. *Fasciola hepatica)* stark verästelte Därme. Die Verdauung ist in der Hauptsache intrazellulär.

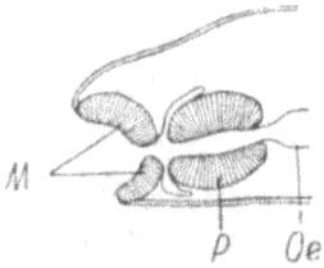

Abb. 7. Schematischer Längsschnitt durch das Vorderende von *Fasciola* (Leberegel). M = Mundsaugnapf, Oe = Ösophagus, P = Pharynx.

Bei den Aschelminthen liegen sehr verschiedene Ernährungsverhältnisse vor. Die Rotatorien sind typische Strudler, die durch den Schlag ihres Cingulum die Nahrung (Protozoen, Algen, Diatomeen usw.) in die Mundhöhle schaffen. Am Übergang zu dem nächsten Darmabschnitt, dem Kaumagen, liegen einzellige Drüsen, die man Speicheldrüsen nennt. Im Kaumagen wird die Nahrung durch einen komplizierten Kauapparat zerkleinert. Die hinteren Darmabschnitte sind bewimpert, man nennt sie Schlundröhre, Mitteldarm und

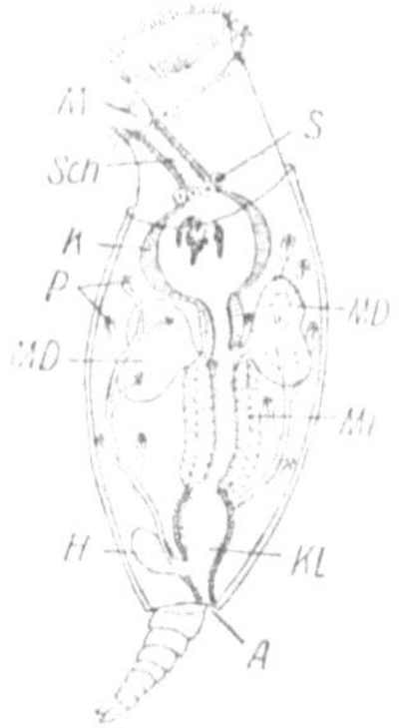

Abb. 8.
Schema des Darmes und der Exkretionsorgane eines Rotators. A = After, H = „Harnblase“, K = Kaumagen mit Kauapparat, Kl = Kloake, M = Mund mit Cingulum, MD = Mitteldarmdrüse, Mi = Mitteldarm, P = Protonephridien, S = „Speicheldrüsen“, Sch = Schlundröhre.

Kloake. Zwischen Schlundröhre und Mitteldarm münden zwei große Mitteldarmdrüsen. Der After (der fehlen kann) liegt dorsal (Abb. 8). Den Männchen fehlt meist der Darm. Über die Verdauung usw. sind wir ungenügend unterrichtet.

Unter den Nematoden gibt es Carnivoren, Herbivoren, Saprophagen, sowie Tier- und Pflanzenparasiten. Die Wasserformen nehmen meist geformte Nahrung auf (Protozoen, Algen, Bakterien usw.). Die Erdbewohner bohren Pflanzenwurzeln an, leben von faulenden Stoffen, oder sind Räuber. Die Saprophagen und Parasiten nehmen meist osmotisch Nahrung auf, weswegen manchmal der Darm rudimentär ist. Der Verdauungsapparat beginnt mit dem Munde, der „Lippen“ hat und oft mit Zähnen (z. B. *Ancylostoma duodenale*) oder Stiletten (manche Pflanzenparasiten) bewehrt ist. Der als Saugrohr wirkende Ösophagus hat starke muskulöse Anschwellungen (Bulbi). Der Darm ist nicht gewunden und ohne drüsige Anhänge. Der After liegt in der Nähe des Hinterendes (s. Abb. 53, S. 128). Manche Parasiten speichern Glykogen (bei *Ascaris* 20 bis 34 % der Trockensubstanz), das anoxybiotisch (s. S. 30) zu Valeriansäure, CO_2 und H vergoren wird. Der Nutzeffekt beträgt dabei weniger als 25 %.

Bei den höheren Würmern (Anneliden) gibt es unter den Polychäten Strudler (sedentäre Formen mit Flimmerrinnen), Schlinger und Zerkleinerer. Zu den letzten gehören frei lebende Räuber, die meist mit chitinigen Kiefern (die z. T. gewechselt werden) ausgerüstet sind. *Aphrodite* hat

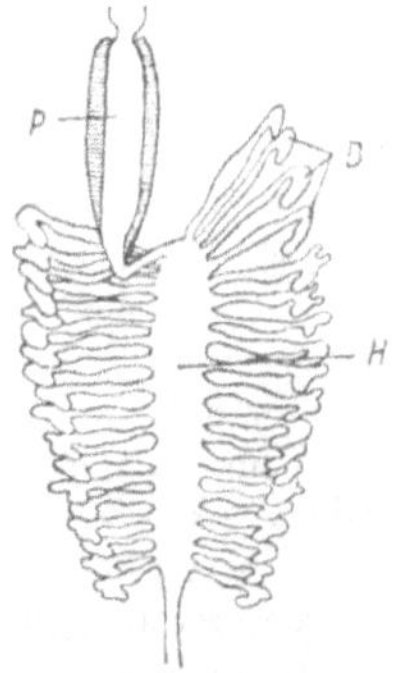

Abb. 9.
Darmschema von *Aphrodite* (Polychaet), B = Blindsäcke, H = Hauptdarm, P = Pharynx. (Nach Jordan.)

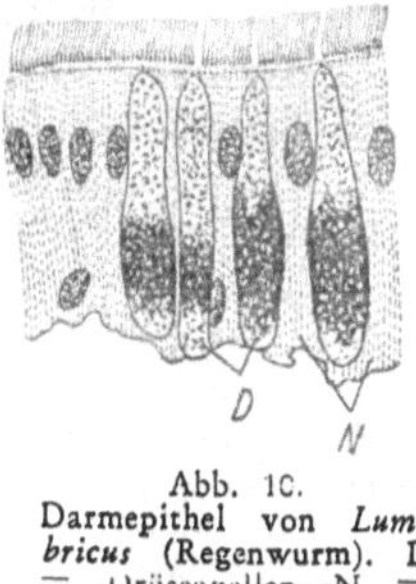

Abb. 10.
Darmepithel von *Lumbricus* (Regenwurm). D = Drüsenzellen, N = Nährzellen. (Nach Schneider.)

einen vorstülpbaren Pharynx, der in einen mit 18 Paaren von Blindschläuchen ausgestatteten Hauptdarm führt (Abb. 9). Dieser hat ein hohes Epithel ohne sekretorische Funktion. Die mit einer Blase endenden Blindsäcke haben Filterapparate, die nur fein verteilte oder gelöste Nahrung hindurchlassen. Die Erzeugung von Verdauungsfermenten und die Resorption findet nur in den Blindschläuchen statt. Bei Polychäten kommt nur extrazelluläre Verdauung mit Hilfe von Proteasen, Karbohydrasen und Lipasen vor. Manche Formen (z. B. *Arenicola)* sind Schlamm- und Sandfresser.

Dieser letzte Typ der Nahrungsaufnahme kommt unter den Oligochäten bei Regenwürmern vor. Der Verdauungskanal beginnt mit dem von „Lippen" umstellten Mund, es folgt ein muskulöser Pharynx, ein Ösophagus mit 3 Paar Ausbuchtungen, die $CaCO_3$ enthalten (vielleicht zur Bindung von CO_2), ein Kropf und ein Muskelmagen. An diesen schließt sich der eigentliche Darm an, der z. T. dorsal zum Zwecke der Oberflächenvergrößerung eingebuchtet ist (Typhlosolis). In ihm stehen Nährzellen mit Flimmersaum und Drüsenzellen (Abb. 10). Der After liegt terminal. Im Muskelmagen werden die mit der Erde aufgenommenen organischen Stoffe zerrieben. Die chemische Aufschließung erfolgt wahrscheinlich nur extrazellulär. Die resorbierbaren Substanzen werden von den

Nährzellen aufgenommen. An Fermenten ist eine trypsinartige Protease, eine Amylase und eine Lipase nachgewiesen. Gespeichert wird Fett und besonders Glykogen.

Die Hirudineen sind Räuber (Schlinger) oder Ectoparasiten (Sauger). Sie haben entweder einen Rüssel *(Rhynchobdellae)* oder Kiefer *(Gnathobdellae)*, mit denen sie die Haut ihrer Opfer durchdringen. Bei *Hirudo medicinalis* stehen drei mit Kalkzähnchen besetzte Kiefer in Y-förmiger Anordnung im Mundsaugnapf. Sie werden nach Befestigung des Saugnapfes durch Muskeln um etwa 45° hin und her bewegt, so daß sie wie Sägen in die Wirtshaut schneiden. Ein muskulöser Pharynx saugt das Blut ein. In seiner radiären Muskulatur liegen einzellige Drüsen, deren Ausfuhrgänge zwischen den Kieferzähnen münden. Das Sekret dieser Speicheldrüsen enthält das Hirudin (eine Albumose), das Wirbeltierblut am Gerinnen verhindert, indem es die Thrombokinase (s. S. 108) schädigt. Egelwunden bluten daher lange nach. Die gerinungshemmende Wirkung des Hirudins ist sehr stark; die aus einem Egelkopf gewonnene Menge genügt, um 240 ccm Säugerblut 48 Stunden lang ungerinnbar zu machen. Hirudin verhindert auch die Fäulnis des Blutes. Das aufgenommene Blut gelangt in den Magendarm, der 11 große Blindsäcke hat, die als Blutspeicher dienen, und mehr als das 6- bis 7fache des Körpergewichts des Egels fassen. Sie bewahren das Blut sehr lange (bis zu 15 Monaten ist nachgewiesen). *Hirudo* kann daher sehr lange (bis 2½ Jahre) ohne neue Nahrungszufuhr leben. Verdaut und resorbiert wird nur in dem letzten dünnen mit Falten versehenen Darmabschnitt, in den das Blut portionsweise eingelassen wird. An Enzymen kennt man nur eine Protease.

Bei den Mollusken sind die Ernährungsverhältnisse der Gastropoden am besten bekannt. Die meisten sind Räuber oder Aasfresser, z. B. viele Prosobranchier *(Buccinum, Nassa, Murex)*, Opisthobranchier *(Bulla Aeolis)* und einige Pulmonaten *(Testacella, Daudebardia, Vitrina)*. Reine Pflanzenfresser sind relativ selten (*Patella* und *Aplysia*, die Algen abweiden, und die meisten Pulmonaten). Die Mehrzahl der Schnecken frißt sowohl pflanzliche als auch tierische Stoffe.

Einige Arten sind Ernährungsspezialisten, wie die Pilzfresser unter den Pulmonaten, die Hydroidenfresser (Äolidier, die die Nesselkapseln ihrer Nährtiere durch Wanderzellen in Körperfortsätze transportieren) und die wenigen Parasiten (z. B. *Entoconcha* in Echinodermen). Es gibt Schlinger, Zerkleinerer (besser „Zerkratzer") und Zersetzer. Der Mund führt in einen oft sehr muskulösen Schlundkopf, der meist mit chitinigen Kiefern und der ventralen Radula bewehrt ist. Die Radula ist eine auf einer beweglichen „Zunge" befestigte Reibplatte, die mit einer wechselnden Anzahl (z. B. bei *Aeolis dummondi* 16, bei Pleurobranchiden bis zu 75 000) kutikularer Zähnchen besetzt ist. Sie dient zum Zerraspeln der Nahrung. Bei Räubern ist sie oft zurückgebildet. An ihre Stelle tritt ein vorstülpbarer Rüssel, der häufig mehr als körperlang hervorgestreckt werden kann. In den Pharynx münden die Speichel-, Buccal- oder Vorderdarmdrüsen, die bei pflanzenfressenden Pulmonaten, wie *Helix,* aus zwei großen, lappigen Gebilden mit langen Ausfuhrgängen bestehen. In ihren Zellen werden in rhythmischem Wechsel Schleim und Enzyme hervorgebracht (Abb. 11). Außer Mucin enthält das Sekret der Speicheldrüsen eine Amylase und eine Zellulase (Lichenase). Proteasen und Lipasen kommen nicht vor. Bei den Fleischfressern sind im allgemeinen zwei Haupt- und einige Nebenspeicheldrüsen vorhanden, die eine Protease hervorbringen, die bei manchen vielleicht zur extraintestinalen Verdauung dient. Einige räuberische Meeresschnecken (z. B. *Dolium, Cassis, Tritonium, Murex)* erzeugen in den Speicheldrüsen freie Säuren. Der Speichel von *Dolium galea* enthält freie Schwefelsäure (2,7 %), freie Salzsäure (0,4 %), gebundene Schwefelsäure (1,4 %) und Wasser (93,9 %). Diese Flüssigkeit dient einerseits zur Verteidigung und wird dem Gegner entgegengespritzt, andererseits werden damit die Kalkpanzer von Echinodermen und Mollusken aufgelöst, indem die festen

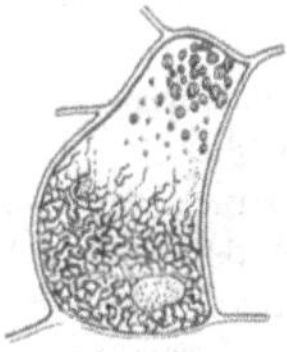

Vorderdarmdrüsenzelle von *Helix* (Schnecke). Im oberen Teil Enzymgranula, im unteren Mucin. (Nach Krijgsman.)

Karbonate in bröckelige Sulfate verwandelt werden. Auf den Pharynx folgt ein gerader Ösophagus, der in den mit Flimmerepithel ausgekleideten, oft als Magen erweiterten Mitteldarm führt. Vor ihm liegen häufig kropfartige Ausbuchtungen, die mit Kiefern bewehrt sein können. In den Mitteldarm münden die Ausfuhrgänge zweier großer drüsiger Säcke, der Mitteldarmdrüsen (oft fälschlich „Leber" genannt), in denen 3 Arten von Zellen stehen: Sekretzellen, die Fermentgranula in Vakuolen enthalten, Kalkzellen, die Kalkkörnchen speichern, und die Resorptionszellen (Abb. 12). In dem Sekret der Mitteldarmsäcke sind Proteasen (Trypsin?), Amylasen und Lipasen nachgewiesen. Der nun folgende Enddarm ist häufig recht lang und gewunden, so daß er wohl ebenfalls zur Resorption dient. Die mit dem Rüssel ergriffene und verschlungene (evtl. extraintestinal angedaute) oder von Radula und Kiefern zerkleinerte Nahrung wird im Vorderdarm mechanisch und chemisch vorverdaut. Bei den Herbivoren besorgt dies das Sekret der Vorderdarmdrüsen, bei den Carnivoren sind die Kiefer und sonstige Einrichtungen des Kropfes beteiligt, sowie Sekrete aus den Mitteldarmdrüsen, die in den Vorderdarm vorgetrieben werden. Der so entstandene Brei wird durch ein Stauwehr, das den Durchtritt größerer Brocken verhindert, in den Mitteldarm gebracht und durch Mitteldarmsekret, das jedoch nur in den Blindsäcken entsteht, weiter verdaut. Die verdaute Nah-

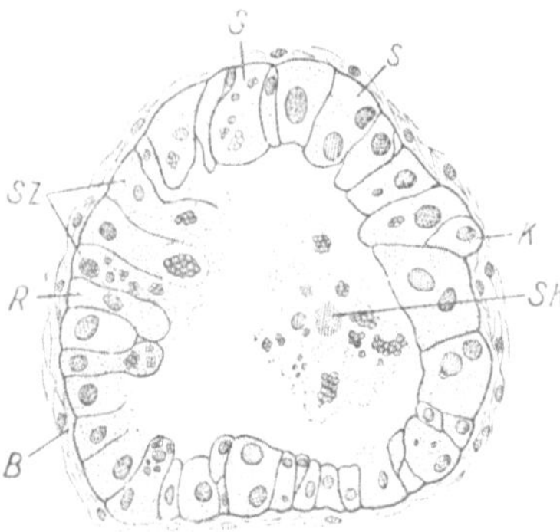

Abb. 12.
Schnitt durch einen Mitteldarmdrüsenfollikel von *Helix* (Schnecke). B = Bindegewebe, K = Kalkzelle, R = Resorptionszelle, S = Sekretzellen, SK = Sekretkugel, SZ = sezernierende Zellen. (Nach Krijgsman.)

rung wird in die Mitteldarmsäcke geflimmert, wo sie resorbiert wird. Zum Teil findet in den Mitteldarmdrüsen auch phagocytäre Verdauung statt. Unverdaute Reste gelangen durch eine Klappe in den Enddarm und werden nach außen entleert. In den Verdauungssäften winterruhender *Helix pomotia* wurde ein P_H von 5,4 gemessen.

Die Muscheln sind typische Strudler, die durch den Flimmerschlag des Kiemen- und Mantelepithels einen Wasserstrom erzeugen, der durch Reusenapparate an den Kiemen durchgeseiht wird. Die organischen Partikel werden durch die flimmernden Mundlappen dem Munde zugeführt und gelangen durch den kurzen Ösophagus in den Magen, in den 4 Mitteldarmsäcke einmünden. In einer Tasche des Magens liegt bei vielen Muscheln ein gallertartiges längliches Gebilde, der „Kristallstiel", der durch ein mit Borsten versehenes Epithel langsam in den Magen hineingedreht wird, während er sich am anderen Ende neu bildet. Am freien Ende löst er sich auf und liefert ein Ferment, das Stärke und Glykogen in Zucker verwandelt. Die Funktion der Mitteldarmsäcke dürfte ähnlich wie bei den Schnecken sein, jedoch ist noch vieles ungeklärt. Die Verdauungssäfte der im Holz bohrenden Muschel *Teredo navalis* enthalten Zellulase. Der Enddarm der Muscheln hat zum Teil eine zur Typhlosolis eingestülpte Wand (s. Abb. 28, S. 87).

Unter den Tintenschnecken (Cephalopoden), die Fische, Krebse, Mollusken und andere Meerestiere mit den Fangarmen ergreifen und zum Munde führen, gibt es Schlinger und Zerkleinerer. Zum Festhalten und Zerstückeln der Beute dienen zwei kräftige Kiefer und eine Radula des muskulösen Schlundkopfes, in den ein oder zwei Paar Buccaldrüsen ihr Sekret ergießen (s. Abb. 29 S. 87). Das Sekret enthält einen Giftstoff zum Töten der Beute und eine Protease, die zur extraintestinalen Verdauung dient. *Octopus* vermag Krebse in ihrer eigenen Schale zu verflüssigen. Ein dünner und langer Ösophagus führt in einen mit Falten und einer derben Kutikula ausgerüsteten Magen (Kaumagen), der einen oft spiralig gewundenen Blindsack (Spiralcöcum) hat. Der verschlungene Enddarm mündet in die Mantelhöhle. In den

Magen führen die Gänge einer großen paarigen Drüse, der Leber, von der ein Teil, der meist traubig an den Gängen hängt, als Pankreas bezeichnet wird. Die Leber sezerniert Proteasen (Trypsin und Pepsin), eine Amylase (wahrscheinlich im Pankreas) und eine Lipase. Die Fermente werden in den Darmkanal ergossen und verdauen hier. Resorbiert wird ebenfalls nur im Darm, nicht in den Mitteldarmdrüsen, die daher mit Recht bei den Cephalopoden (im Gegensatz zu den anderen Wirbellosen) Leber heißen.

Die Arthropoden haben so mannigfaltige Ernährungsverhältnisse daß hier nur wenige Beispiele angeführt werden können. Von den niederen Krebsen ist *Daphnia* („Wasserfloh“) ein pelagisch lebender Strudler, der durch den Schlag seiner Beine einen Wasserstrom erzeugt, der durch Borstenkämme der Beine durchgesiebt wird. An der Bauchseite werden die Nahrungsteilchen (hauptsächlich Diatomeen) dem Munde und einem kurzen Ösophagus zugeführt und in den geräumigen Mitteldarm befördert. Dieser hat an seinem vorderen Teil zwei kurze Blindsäcke („Leberhörnchen“), die Mitteldarmdrüsen darstellen (Abb. 13). Sie ergießen Verdauungsfermente in den Mitteldarm und in ihnen wird resorbiert. Ein kurzer Enddarm gibt den Kot nach außen ab. Im Darm herrscht von vorn nach hinten abnehmende saure Reaktion (Vorderdarm, Mitteldarmdrüsen und Anfang des Mitteldarms P_H= 6,0 bis 6,2. Enddarm P_H = 6,8 bis 7,0).

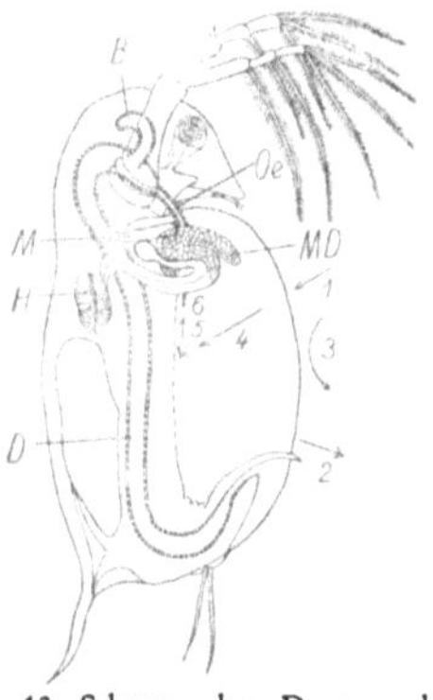

Von höheren Krebsen ist der Flußkrebs *(Potamobius fluvialitis)* ein Zerkleinerer, der sich von lebenden und toten Tieren er-

Abb. 13. Schema des Darms, des Herzens und der Maxillendrüse von *Daphnia* (Phyllopode). B = Mitteldarmblindsack, D = Darm, H = Herz, M = Mandibel, MD = Maxillendrüse, Oe = Ösophagus, 1 = Einstrom, 2 = Ausstrom, 3 = Wirbelstrom, 4 = vertikaler Transportstrom, 5 = Vortransport der Nahrungsteilchen, 6 = Anhäufung der Nahrung vor dem Munde. (Nach Storch, verändert. Die Beine sind weggelassen.)

nährt, gelegentlich jedoch auch pflanzliche Kost (in Gefangenschaft, z. B. Runkelrüben) nicht verschmäht. Die Nahrung wird mit den Scheren ergriffen und den Mundwerkzeugen (ein Paar Mandibel, zwei Paar Maxillen, drei Paar Kieferfüße) zur Zerkleinerung zugeführt. Durch den sehr kurzen Ösophagus wird sie in den verwickelt gebauten Magen aufgenommen. Dieser

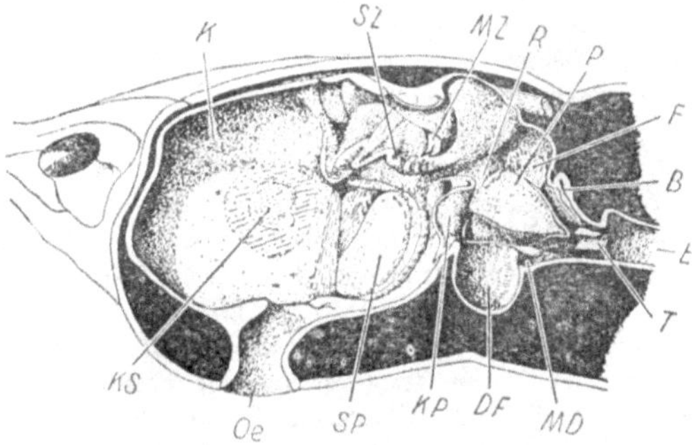

Abb. 14.
Schema des Magens von *Potamobius* (höherer Krebs). B = Blindsack, DF = Drüsenfilter, E = Enddarm, F = Mitteldarmfilter, K = Kardia, KP = Kardiopylorikalklappe, KS = „Krebsstein", MD = Mündung der Mitteldarmdrüse, MZ = Mittelzahn, Oe = Ösophagus, P = Preßplatte, R = Rückstauventil, SP = Seitenplatte mit Zähnen, SZ = Seitenzahn, T = Trichter. (Nach J o r d a n.)

gliedert sich in zwei Hauptteile, die Kardia und den Pylorus (Abb. 14). Die Kardia ist mit chitinigen Platten und Zähnen bewehrt, hat eine komplizierte Muskulatur und dient zum mechanischen Zerstückeln und Zermahlen der Nahrung („Magenmühle"). Auch findet hier schon eine chemische Aufschließung durch Mitteldarmdrüsensekret statt. Grobe Rückstände (Fischgräten usw.) werden durch den Mund wieder erbrochen. Von dem Pylorus ist die Kardia durch eine Klappe (Kardiopylorikalklappe) getrennt, die nur feine Nahrungsteile hindurchläßt. In den Pylorus ergießen die Ausfuhrgänge der mächtigen Mitteldarmdrüsen ihr Sekret, das Protease, Amylase, Lichenase und Lipase enthält. Die von den Fermenten verdauten Stoffe müssen eine Filtereinrichtung (Drüsenfilter) passieren, um in die Mitteldarmdrüsen zu gelangen, wo resorbiert wird. Nur Fett scheint auch im Mitteldarm selbst aufgenommen werden zu können. Die nicht verdauten Reste werden durch einen Reusenapparat in den Enddarm entlassen. In der Mitteldarmdrüse werden Fette, Glykogen und Eiweiß gespeichert. Fett wird auch im Bindegewebe abgelagert. Krebse können sehr lange (bis 5 Monate) hungern. Erwähnt seien noch die sogenannten „Krebssteine", zur Schalenbildung dienende Kalkreserven, die als linsenförmige Scheiben in der Kardiawand liegen.

Die Spinnen sind räuberische Sauger, die ihre Beute — besonders Insekten — durch Jagd oder Fangnetze erlangen. Die Opfer werden durch Bisse mit den Cheliceren getötet, wobei aus deren großen Drüsen ein giftiger Eiweißstoff in die Wunde fließt. Die Bisse der meisten Spinnen sind für den Menschen harmlos und rufen höchstens leichte lokale Entzündungen hervor. Es gibt jedoch Arten, die starke Herzgifte erzeugen und auch dem Menschen gefährlich werden können; vor allem *Lathrodectes erebus*, die russische Karakurte (Südrußland und Griechenland) und *L. tredecimguttatus*, die Malmignatte (Italien und Korsika). Die Spinnen entleeren auf die getötete Beute ein proteasehaltiges Sekret, aus dem Mitteldarm, wobei unter Drehen und Kneten die Weichteile extraintestinal verdaut und durch den Mund eingesogen werden. Der kurze Ösophagus führt in einen muskulösen Saugmagen. Der anschließende Mitteldarm entsendet sogleich Blindschläuche bis in die Beinhüften und füllt fast den ganzen Hinterleib mit einigen reich verzweigten Seitengängen aus, in denen Enzyme abgeschieden werden und extra- und intrazelluläre Verdauung sowie Resorption stattfinden. Vor dem Enddarm liegt eine als Kotbehälter dienende Blase.

Von Interesse sind die Ernährungsverhältnisse der Wirbeltierblut saugenden Zecken. Die Cheliceren sind zu Stechborsten mit aufklappbaren Haken geworden, die dem Opfer durch die Haut gestoßen werden und durch Muskelkraft ein mit rückwärts gerichteten Haken besetztes Gebilde — das Hypostom — nachziehen, wodurch die Mundwerkzeuge fest in der Haut verankert werden. Aus sehr großen Speicheldrüsen ergießt sich ein die Stichstelle betäubendes Sekret in die Wunde, das einen Stoff (Ixodin) enthält, der das Fibrin (s. S. 108) zerstört und dadurch die Blutgerinnung verhindert. Ein Pharynx pumpt das Blut durch den Ösophagus in den mit großen Ausbuchtungen versehenen Mitteldarm, in dem die Verdauung (vielleicht phagocytär) stattfindet. End-

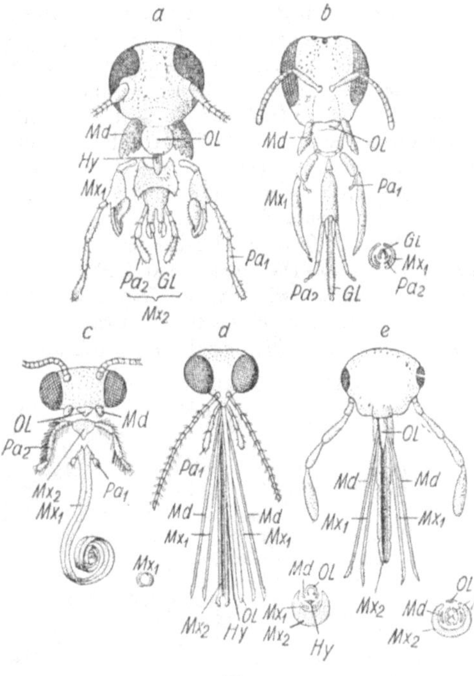

Abb. 15.
Schemata von Insektenmundteilen: a) kauende (Schabe), b) leckend-saugende (Honigbiene), c) leckende (Schmetterling), d) stechend-saugende (Stechmücke), e) stechend-saugende (Wanze). (Nach Kühn wenig verändert.) Gl = Glossa („Zunge"), Hy = Hypopharynx, Md = Mandibel, Mx_1, Mx_2 = 1. und 2. Maxille, Ol = Oberlippe, Pa_1, Pa_2 = Palpen der 1. und 2. Maxille.

darm und After fehlen. Die Zecken sind wohl die größten Hungerkünstler. Man hat einige bis zu vier Jahren ohne Nahrung am Leben erhalten (die Männchen mancher Arten fressen als Imagines überhaupt nicht). Andererseits können sie sich unglaublich vollsaugen: *Boophilus annulatus* vermehrt in drei Wochen auf dem Rinde saugend sein Gewicht um das 10 000-fache.

Bei Insekten kommen alle Arten der Ernährung vor, wie schon die mannigfaltige Entwicklung der Mundwerkzeuge zeigt. Man unterscheidet drei Haupttypen von Mundwerkzeugen (Abb. 15), zwischen denen es alle Übergänge gibt: beißende oder kauende (z. B. Geradflügler und viele Käfer), leckend-saugende (z. B. Schmetterlinge und viele Hautflügler) und stechend-saugende (z. B. Wanzen und viele Zweiflügler). Bei vielen Insekten kommen Speicheldrüsen vor, die oft mächtig entwickelt sind. Sie erzeugen außer Schleim, bei Pflanzenfressern Karbohydrasen und bei Fleischfressern Proteasen. Die vorwiegend Zellulose fressenden Formen (Holzfresser, wie manche Käferlarven und die Termiten) bauen diese mit Hilfe symbiontischer Bakterien oder Protozoen ab. Die Ausbildung des Darms (Abb. 16) ist

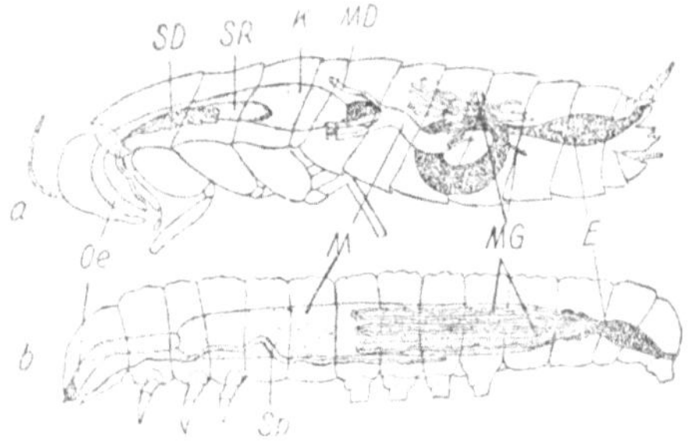

Abb. 16.
Insektendärme: a) Schabe, b) Schmetterlingsraupe. E = Enddarm, K = Kropf, M = Mitteldarm, MD = Mitteldarmdivertikel, MG = Malpighische Gefäße, Oe = Ösophagus, SD = Speicheldrüsen, Sp = Spinndrüse, SR = Speichelreservoir.

sehr verschieden. Häufig ist der Vorderdarm als Kropf entwickelt; z. B. bei der Honigbiene, bei der er als „Honigmagen" dient und durch Erbrechen entleert wird. Bei Lepidopteren und Dipteren hat er als Saugblasen wirkende Seitendivertikel. Auf den Kropf folgt ein muskulöser, mit Chitin ausgekleideter Kaumagen, der an den Mitteldarm (Chylusdarm), der häufig Divertikel hat, grenzt. An dem Übergang zwischen ihm und dem langen Enddarm münden die Malphigischen Gefäße (s. S. 131) in den Verdauungskanal. Zwischen Darmlänge und Nahrungsart bestehen oft Beziehungen (s. S. 44). Jedoch gibt es Ausnahmen, wie die Schmetterlingsraupen, bei denen man, da sie ausgesprochene Pflanzenfresser sind, einen sehr langen Darm erwarten könnte. Er ist jedoch nur körperlang und relativ breit (Abb. 16 b). Die Nahrung wird von den Raupen nur sehr schlecht ausgenutzt, da sie nur den Inhalt der beim Kauen angeschnittenen Pflanzenzellen verdauen, während ganz verschluckte Zellen unversehrt mit dem Kot abgehen. Die Raupen sind daher ungeheure Fresser, worauf ihre Schädlichkeit beruht. Die Hauptverdauungsfermente (Amylase, Protease [Trypsin] und Lipase) werden in den Zellen des Mitteldarms, der häufig Divertikel (Cryptenschläuche, Abb. 17) hat, erzeugt und in das Darmlumen ergossen. Bei manchen Formen zerfallen dabei die Mitteldarmzellen und das Epithel muß von Zeit zu Zeit abgestoßen und erneuert werden (bei *Hydrous* etwa alle zwei Tage). Hauptverdauung und Resorption finden im Mitteldarm statt. Bei *Tenebrio molitor* soll im Mitteldarm vorn saure, hinten alkalische Reaktion herrschen, bei den Larven von *Psychoda* und *Chironomus* war PH im

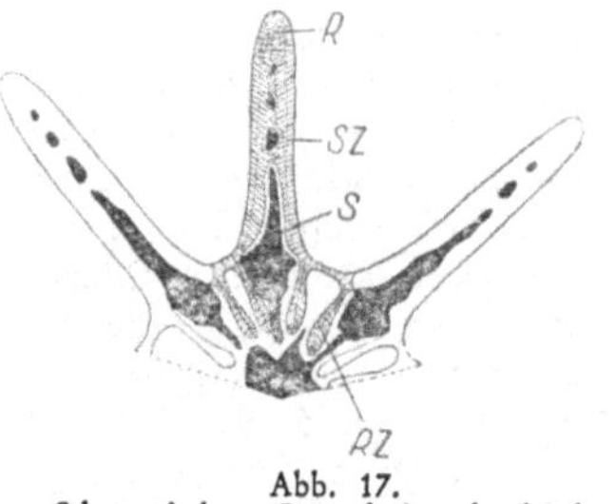

Abb. 17.
Schematischer Querschnitt durch den Chylusdarm von *Carabus auratus* (Laufkäfer). R = Regenerationsherd der Epithelzellen, RZ = resorbierende Zellen, S = Sekret, SZ = sezernierende Epithelzellen. (Nach v. Lengerken.)

Ösophagus 7,0 bis 7,2, im Kropf 6,2 bis 6,7, im Mitteldarm 7,2 bis 7,8 und im Enddarm 6,0 bis 6,6. Viele Insekten verdauen extraintestinal, wobei Mitteldarmsekret erbrochen wird (z. B. Carabiden). Manche Formen haben überhaupt keine Mundöffnung, sondern ergießen durch die zu Röhren gewordenen Mundwerkzeuge das Sekret in die mit den Mandibeln angestochene Beute und saugen auf demselben Wege die verflüssigte Nahrung ein (z. B. *Dytiscus*- und *Myrmeleon*-larven). Stoffspeicherung findet im Mitteldarm und besonders in Form von Fett in den Fettkörpern statt. Überschüssige Nahrungsstoffe können mit dem Kot abgegeben werden (z. B. der zuckerhaltige „Honigtau" der Pflanzenläuse).

Die Echinodermen sind Strudler (Crinoiden), Sandfresser (Holothurien und Spatangiden), Schlinger (Seesterne und Seeigel), Zerkleinerer (Seeigel) und Zersetzer (Seesterne). Die Seeigel ergreifen kleine lebende Tiere mit den Pedicellarien und den Zähnen der „Laterne des Aristoteles" oder schaben mit diesem Kauapparat Algenrasen ab. Die Seesterne erfassen Muscheln, Würmer, Krebse, ja selbst Fische usw. mit den Ambulacralfüßchen und verschlucken sie ganz. Große Beutestücke werden von dem ausgestülpten Magen umhüllt und extraintestinal verdaut. Der Darm der Echinodermen ist oft ein gewundenes Rohr von ziemlich gleichmäßiger Dicke (Seeigel, Holothurien), das bei den Seeigeln zum Teil von dem sogenannten Nebendarm (s. S. 91) begleitet wird. Bei den Seesternen ist der Darm zu einem großen Magensack erweitert, der fünf Paar Blindsäcke mit drüsigen Anhängen hat. Ein After fehlt manchen Arten *(Astropecten)*. Die Sekretion der Verdauungsfermente (Amylase, Protease und wohl auch Lipase), sowie Verdauung und Resorption erfolgen meist im Darm, bei Seesternen in den Blindsäcken. Zum Teil wird die Nahrung von amöboiden Wanderzellen aufgenommen und transportiert. Bei *Holothuria* wird im Darm nur verdaut. Die Fermente entstehen aus gefärbten Körnchen, die sich in den Epithelzellen von mit Leibesflüssigkeit gefüllten Röhrensystemen (Wundernetzen) am Darm bilden. Die Körnchen werden durch Wanderzellen aufgenommen und in die Darmwand befördert, von wo sie in das

Lumen dringen und sich auflösen. Die verdauten Nahrungsstoffe werden wahrscheinlich ebenfalls von Wanderzellen zu den Verbrauchsorten gebracht.

Die Tunikaten sind Strudler, bei denen durch den Flimmerschlag des Kiemenkorbes Wasser durch die Ingestionsöffnung in diesen hinein durch die Kiemenlücken in den Peribranchialraum und durch die Egestionsöffnung nach außen getrieben wird. Im Wasser suspendierte organische Partikel werden durch Schleim festgehalten und von der ventralen Flimmerrinne, dem Endostyl (Hypobranchialrinne), nach vorn verfrachtet, wo sie längs zweier Wimperbögen der dorsalen Flimmerrinne (Epibranchialrinne) zugeführt und von dieser in den Darm geflimmert werden. Der Darm, an dem man Ösophagus, Magen und Enddarm unterscheidet, ist ebenfalls mit Wimpern ausgestattet. Der After liegt in einem Kloake genannten Abschnitt des Peribranchialraumes (Abb. 18). Bei manchen Arten kommen drüsige Darmanhänge vor. Über die Verdauungs- und Resorptionsvorgänge ist wenig bekannt.

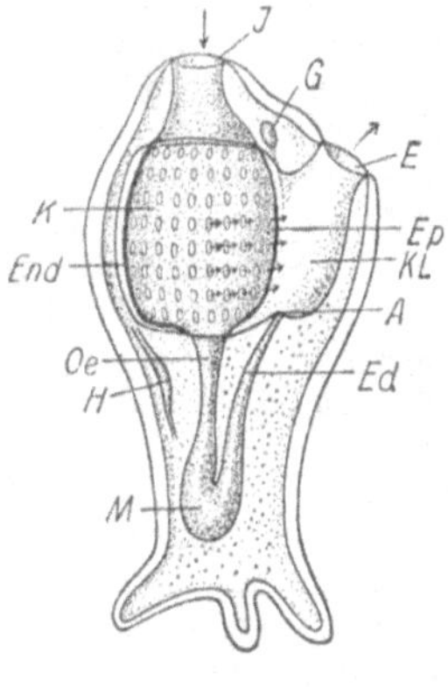

Abb. 18.
Schema einer Ascidie (nach Kühn, verändert.) A = After, E = Egestionsöffnung, Ed = Enddarm, End = Endostyl, Ep = Epibranchialrinne, G = Ganglion, H = Herz, I = Ingestionsöffnung, K = Kiemenkorb, Kl = Kloake, M — Magen, Oe = Ösophagus. Pfeile = Richtung des Wasserstroms.

Bei *Branchiostoma* sind die Verhältnisse im wesentlichen wie bei den Tunikaten, doch hat der Darm auf der rechten Seite einen großen drüsigen Blindsack (Mitteldarmdrüse) und mündet der Enddarm direkt nach außen. Der Egestionsöffnung entspricht der Abdominalporus. Bei den Vertebraten hat sich eine viel strengere Arbeitsteilung als bei den Wirbellosen herausgebildet, die in einer schärferen Sonderung der Anhangsdrüsen vom eigentlichen Darm morphologisch und physiologisch zum Ausdruck kommt. Die Anhangsdrüsen haben nur sezernierende Funktion, während der Darm Verdauungs- und Resorptionsort ist. Die Aufgaben der drei Anhangsdrüsen (Speicheldrüsen, Leber und Pankreas) sind streng geschieden. Ich gebe einen kurzen Überblick über die Ernährungsverhältnisse bei den einzelnen Wirbeltiergruppen und gehe bei den am besten bekannten Säugern auf Einzelheiten ein.

Die Fische werden fischereibiologisch in Planktonfresser, Gewürmfresser und Raubfische eingeteilt. Physiologisch sind die meisten Fleischfresser (z. B. Selachier, Salmoniden, Hecht, die meisten Tiefseefische). Einige sind Omnivoren, wie der Karpfen, den man auch „das Schwein unter den Fischen" nennt. Reine Pflanzenfresser sind sehr selten (z. B. *Box boops)*. Die Cyclostomen sind z. T. Parasiten, die andere Fische befallen. Die meisten Fische sind Schlinger oder Zerkleinerer, mit Ausnahme der Rundmäuler, die mit Hornzähnen Löcher in die Wirtshaut raspeln und Blut saugen. Die übrigen Fische (Gnathostomen), außer den Stören und Büschelkiemern, haben wurzellose Knochenzähne, die fast an allen Stellen der Mundhöhle sitzen können. Die Zähne werden meist dauernd gewechselt (außer den Schlundzähnen). Viele Planktonfresser haben Reusenapparate an den Kiemenbögen, und manche Fische haben eine Zunge. Bei den Neunaugen dient sie als Pumpenstempel. Der Pharynx ist als Kiemendarm ausgebildet (s. S. 92) und führt in einen kurzen und weiten Ösophagus. Während der Magen bei manchen fehlt oder nur als schwache Erweiterung des Vorderdarmes angedeutet ist (z. B. Cypriniden), ist er bei anderen deutlich abgesetzt und hat zwei Abteilungen, die Kardia und den Pylorus, die durch einen scharfen Knick voneinander getrennt sein können (z. B. Selachier). Am Pylorus finden sich oft Blindsäcke *(Appendices pyloricae)* unbekannter Funktion. Der Darm ist sehr verschieden lang und weit: bei den Selachiern mit einer Spiralfalte und vor der Kloake mit einer Rectalblase versehen. Speicheldrüsen fehlen den Fischen: Leber und Pankreas sind stets vorhanden. Die oft sehr fetthaltige Leber besteht meist aus mehreren Lappen. Die in ihr erzeugte Galle sammelt sich in Kapillaren, die sich zu den in den Anfangsteil des Darms mündenden Gallengängen vereinigen. Eine Gallenblase ist meist vorhanden, kann jedoch auch fehlen. Die Bauchspeicheldrüse ist oft in viele kleine Stücke aufgelöst. Ihre Ausfuhrgänge münden in den Darm. In der Magenwand liegen zwei Arten von Drüsen, die Fundus- und Pylorusdrüsen (s. S. 75). Die Reaktion im Magen ist im allgemeinen sauer; freie Säure wurde jedoch nur bei wenigen Arten gefunden (*Cyclopterus lumpus, Gadus morrhua* und *Uranoscopus scaber*). Die Hauptverdauung findet im Darm durch die Sekrete aus Leber und Pankreas statt, in denen Proteasen (Trypsin), Karbohydrasen und Lipasen vorkommen. Die Resorption wird durch die Darmwände besorgt.

Die Amphibien sind Schlinger, die lebende Beute ganz verschlucken (nur die Anurenlarven sind Zerkratzer und Filtrierer [*Xenopus*] und Pflanzen- oder Allesfresser). Die einfachen als Hohlkegel ausgebildeten Zähne, die auch fehlen können (*Bufo, Pipa*), dienen zum Festhalten der Beute. Sie stehen, außer auf den Kiefern, auf Vomer, Palatinum und Parasphenoid. Bei Anurenkaulquappen sind sie durch Hornkiefer und Papillen zum Zerknabbern der Nahrung ersetzt. Die drüsenreiche muskulöse Zunge ist bei manchen Formen (z. B. *Rana*) mit dem Vorderende vorn am Unterkiefer befestigt und kann schnell herausgeklappt werden, um kleine Beutetiere, die an ihr kleben bleiben, beim Wiederzurückschnellen in das Maul zu befördern. Bei einigen Amphibien (*Pipa Xenopus*) fehlt sie. Der kurze und weite, mit Flimmerepithel und Drüsen ausgestattete Ösophagus führt gleich in den weiten Magen. Dieser ist innen gefaltet und hat Fundus- und Pylorusdrüsen (s. S. 75). An ihn schließt sich ein kurzes Duodenum, das in den gewundenen Mitteldarm übergeht. Der Enddarm ist erweitert und hat eine ventrale Ausstülpung, die Harnblase (s. S. 134). Er endet in der Kloake. Die Gänge der mehrlappigen Leber (*Ductus hepatici*) vereinigen sich zu einem gemeinsamen Gang (*Ductus choledochus*), der durch die *Ductus cystici* mit der Gallenblase in Verbindung steht. Er durchbohrt das Pankreas und nimmt dabei den Pankreasgang (*Ductus pancreaticus*) auf, um in das Duodenum zu münden. (Abb. 19). Bei Fröschen herrscht im Ösophagus al-

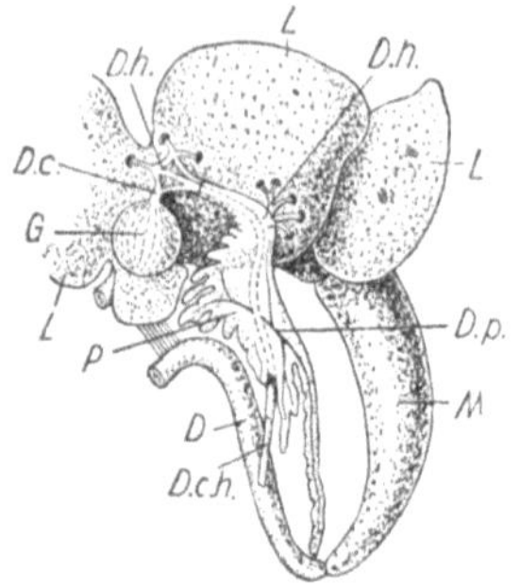

Abb. 19.
Leber und Pankreas von *Rana* (Frosch). D = Duodenum, D • c = Ductus cysticus, D • ch = Ductus choledochus, D • h = Ductus hepaticus, D • p = Ductus pancreaticus, G = Gallenblase, L = Leberlappen, M = Magen, P = Pankreas.
(Nach Wiedersheim.)

kalische Reaktion. Im Magen, der HCl abscheidet, findet die Hauptverdauung durch sehr kräftiges Pepsin statt. Der weiteren Verdauung und der Resorption dient der Mitteldarm. Die Mehrzahl der Reptilien ist carnivor; nur einige Formen (z. B. *Testudo* und *Iguana*) ernähren sich hauptsächlich von Pflanzenstoffen. Die Nahrung wird entweder ganz verschlungen oder zerkleinert. Zähne stehen meist nur auf den Kiefern und dienen zum Festhalten der Beute; oft sind sie nach hinten gerichtet (Schlangen). Die Schildkröten haben anstatt der Zähne scharfe Hornkiefer. Bei den Krokodilen sitzen die Zähne in Alveolen. Die Beute wird manchmal durch besondere Einrichtunten erlangt, so beim Chamäleon mittels einer weit vorschnellbaren klebrigen Zunge. Bei den Giftschlangen wird durch Injektion von Giftstoffen die Beute getötet. Dieses erfolgt durch Einstich der Giftzähne, von denen immer ein Paar gebrauchsfertig auf dem Maxillare steht. Die Giftzähne, hinter denen Ersatzzähne stehen, sind entweder von einem Kanal durchbohrt (solenoglyph) oder mit einer Rinne versehen (proteroglyph oder opisthoglyph, je nachdem, ob sie vorn oder hinten im Kiefer stehen). Die Giftdrüsen liegen im Oberkiefer und werden beim Öffnen des Rachens durch Muskeldruck entleert. Die Drüsen münden neben den Zähnen, so daß nicht alles Gift in den Zahn, sondern ein Teil frei in die Mundhöhle fließt. Die Zusammensetzung der Schlangengifte (Ophiotoxine) ist artlich verschieden und zum Teil noch wenig bekannt. Vielfach mag es sich um hochkomplizierte Eiweißverbindungen (Toxalbumine) handeln, jedoch kommen auch N-lose Verbindungen — z. B. im Gift der Kobra — vor. Die Wirkungen der Gifte sind qualitativ und quantitativ sehr verschieden; sie bestehen meist in Lähmung der motorischen Nerven, Blutungen durch die Gefäßwände und Auflösung der roten Blutkörperchen.

In die Mundhöhlen der Reptilien münden einige Drüsen *(Glandulae sublinguales* und *palatinae)*, die hauptsächlich Schleim sezernieren. Der Ösophagus ist meist ziemlich lang und führt in den Magen, der bei den Schlangen sehr lang und erweiterungsfähig ist. Bei manchen Formen ist er in einen Kardia- und Pylorusteil gegliedert. Es gibt Fundus- und Pylorusdrüsen (s. S. 75). Bei den Krokodilen ist der Kardiateil ein Kaumagen, der oben und unten je eine sehnige Scheibe, an der Muskeln ansetzen, hat (Abb. 20). Dünndarm und Enddarm (der manchmal Blinddärme hat), sowie Leber (stets mit Gallenblase) und Pankreas verhalten sich ähnlich wie bei den Amphibien.

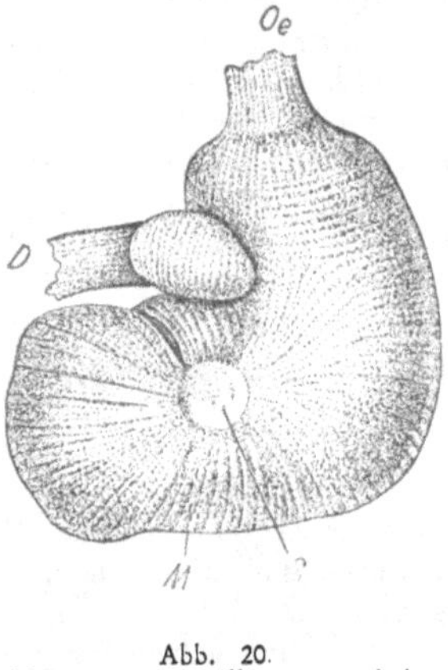

Abb. 20.
Magen von *Alligator mississippiensis* (Reptil). D = Darm, M = Muskeln, Oe = Ösophagus, S = Sehnenscheibe. (Nach Pernkopf.)

Die Vögel sind Schlinger oder Zerkleinerer, die sehr verschiedene Nahrungsstoffe aufnehmen. Zähne fehlen den rezenten Formen stets, die dafür mit Hornschnäbeln von je nach der Lebensweise sehr verschiedener Ausbildung ausgerüstet sind. Die Entwicklung der Zunge ist sehr mannigfaltig. Sie kann bei Spechten, bei denen sie durch ein Unterschnabelsekret klebrig gemacht wird und zum Massenfang von Ameisen dient, außerordentlich weit hervorgestreckt werden. Dies ist dadurch möglich, daß das Zungenbein ein sehr langer elastischer Stab ist, der um den ganzen Schädel herumgreift und durch Muskeln vorgestreckt werden kann. Beim Grünspecht mißt das Zungenbein 23 cm, während der Schnabel nur etwa 5 cm lang ist. Der Ösophagus der Vögel ist lang und oft mit einem Kropf versehen, in dem die Nahrung eingeweicht wird (verdaut wird hier nicht). Die Tauben erzeugen im Kropf ein käsiges Sekret („Taubenmilch"), das zur Atzung der Jungen dient. Der vordere Teil des Vogelmagens enthält viele Drüsen (Drüsenmagen). In ihm wird fermentativ verdaut. Der hintere Teil ist sehr muskulös (Kaumagen) und mit harten Reibplatten aus erstarrtem Sekret ausgekleidet. Bei Körnerfressern findet man stets Steinchen (Gastrolithen) in ihm, die zum Zerreiben von Schalen dienen. Die Druckkräfte in den Kaumägen mancher Vögel sind sehr erheblich. Der Dünndarm beginnt mit dem Duodenum und ist sehr lang. In ihm stehen zwei Arten von Drüsen. An der Grenze gegen den dickeren Enddarm, der in die Kloake mündet, haben die Pflanzenfresser und Eulen zwei Blinddärme, in denen Zellulose („Rohfaser") bakteriell verdaut wird. Bei Eulen wird so wohl der Mageninhalt der herbivoren Beutetiere ausgenutzt. Die Leber, der eine Gallenblase manchmal fehlt (z. B. bei Tauben), hat meist zwei Gallengänge, von denen einer in den aufsteigenden, der andere in den absteigenden Schenkel des Duodenum mündet. Auch das Pankreas ergießt sein Sekret durch mehrere Gänge in das Duodenum. Im Darmsaft ist Protease, Amylase und Lipase vorhanden.

Bei den S ä u g e t i e r e n kommen karnivore, herbivore und omnivore Arten vor, die meistens Zerkleinerer sind. Die Zahnwale sind Schlinger. In der Jugend sind alle Sauger. Zur Zerkleinerung der Nahrung dienen die Z ä h n e, die je nach der Ernährungsweise verschieden gebaut und angeordnet sind. Es gibt Schneidezähne = Incisivi (i), Eckzähne = Canini (c) und Backenzähne, unter denen man Prämolaren (p) und Molaren (m) unterscheidet. Die Prämolaren fehlen im Milchgebiß. Die Anordnung der Zähne wird durch Zahnformeln ausgedrückt (z. B. Hund: $\frac{\overset{i}{3}\;\overset{c}{1}\;\overset{p}{4}\;\overset{m}{2}}{3\;1\;4\;3}$). Die meisten Zähne haben die Zahnwale (*Delphinus longirostris* etwa 250), bei denen die Zahl sekundär vermehrt ist; die wenigsten die Schuppentiere (*Manis*) und Ameisenbären (*Myrmecophaga*), die klebrige lange Zungen zum Ameisen- und Termitenfang haben. Die meißelförmigen, wurzellosen Schneidezähne der Nager wachsen zeitlebens und dienen zum Zerraspeln harter Stoffe. Die Bartenwale haben anstatt der Zähne hornige Platten zum Durchsieben des Wassers (Planktonfresser). Die Zunge ist bei den Säugern am höchsten entwickelt und spielt bei der Nahrungsaufnahme und dem Kau- und Schluckakt eine wichtige Rolle. Manche Formen haben Backentaschen (z. B. Hamster) zum vorübergehenden Aufheben von Nahrung. In der Ausbildung des Kiefergelenkes zeigen sich Beziehungen zur Art der Nahrungsaufnahme. In die Mundhöhle münden die Speicheldrüsen. Der Ösophagus ist lang und mit geschichtetem Plattenepithel ausgekleidet. Der Magen ist in Größe und Ausbildung je nach der Nahrung sehr verschieden. Meist ist er bei Pflanzenfressern größer als bei Fleischfressern. Häufig ist er in mehrere Abteilungen geschieden (mehrhöhlige Mägen). Der ei öhlige Magen von *Manis javanica* ist mit einer dicken Hornschicht zum Zerreiben der Nahrung (Ameisen und Termiten) ausgekleidet. Die Drüsen sind an einer wulstförmigen Stelle zusammengeschlossen. Hornzähne dienen als Filter gegen den Darm. Nach der Beschaffenheit der Wände und dem Vorkommen besonderer Drüsen, auf die später eingegangen wird (s S. 75), unterscheidet man verschiedene Regionen der Säugermägen (Abb. 21): 1. Den Schlundabschnitt, der mit Plattenepithel ausgekleidet ist. Er kann fehlen (z. B. Mensch, Raubtiere, Schwein), kann mittel (z. B. Pferd) oder sehr stark (Wiederkäuer) entwickelt sein. 2. Den Kardiadrüsenabschnitt, der z. B. bei Schwein und Pferd relativ groß, bei Mensch und Hund klein ist. Er fehlt bei Wiederkäuern und einigen Nagern. 3. Den Fundusdrüsenabschnitt,

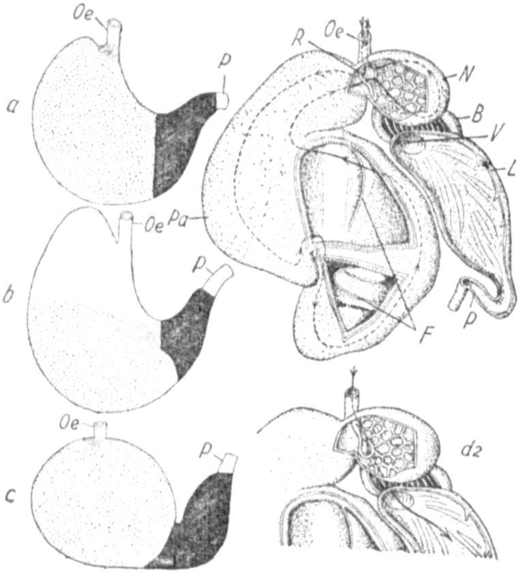

Abb. 21.
Umrisse verschiedener Säugermägen: a) Mensch, b) Pferd, c) Hund, d) Wiederkäuer: d1: „Rinne" (während des „Wiederkäuens") geöffnet. Die Nahrung passiert Pansen und Netzmagen. d2: „Rinne" geschlossen. Die Nahrung gelangt aus dem Ösophagus direkt in den Blättermagen. B = Blättermagen, L = Labmagen, N = Netzmagen, Oe = Ösophagus, P = Pylorus, Pa = Pansen, R = „Rinne". Schlundabschnitt: weiß, Kardiadrüsenabschnitt: gestrichelt, Fundusdrüsenausschnitt: punktiert, Pylorusdrüsenabschnitt: schwarz. Pfeile in d = Gang der Nahrung.

der meist vorhanden ist. Bei einigen Nagern (z. B. Hamster) ist er relativ klein. 4. Den Pylorusdrüsenabschnitt, der fast stets in wechselnder Ausdehnung vorkommt. Bei manchen Formen — am ausgesprochensten bei den Wiederkäuern (Abb. 21 d) — ist der Schlundabschnitt untergeteilt, und zwar in den sehr geräumigen Pansen, den mit netzartigen Wandstrukturen versehenen Netzmagen (die Haube), den mit blattartigen Falten ausgestatteten Blättermagen (den Psalter) und den drüsigen Labmagen. Eine durch Ringmuskulatur verschließbare spaltförmige Öffnung — die sog. „Rinne" — ermöglicht einen Abschluß des Pansens und Netzmagens gegen den Ösophagus und den Blättermagen (Abb. 21 d_2). Der Darm der Säuger erfährt durch reichliche Zotten eine Oberflächenvergrößerung. Er wird von dem Magen durch den Pylorus (Pförtner) getrennt. Seine Teile sind: Das Duodenum, in das die Leber- und Pankreasgänge münden, der meist sehr lange Dünndarm und der Dickdarm, der mit dem durch den Sphincter ani verschließbaren After endet. An dem Übergang des Dünndarms in den Dickdarm befindet sich eine Klappe und oft ein Blinddarm, der bei Pflanzenfressern erhebliche Ausmaße (beim Pferd 60 cm Länge) erreichen kann,

Die in den Mund aufgenommene Nahrung wird meist durch die Tätigkeit der Zähne, der Zunge und der Mundhöhlenwände zerkleinert und mit den Sekreten der Speicheldrüsen durchweicht. Die Speicheldrüsen sind große paarige Massen, die in der Nähe des Mundes liegen und durch Kanäle mit der Mundhöhle in Verbindung stehen. Die drei wichtigsten sind: Glandula submaxillaris, sublingualis und parotis. Sie setzen sich aus traubigen Läppchen mit großen Zellen, die in der Ruhe mit Sekretgranula angefüllt sind, und deren Kerne an den Wänden liegen, zusammen. Bei der Tätigkeit tritt das Sekret in die Ausfuhrgänge und die Kerne rücken mehr in die Zellmitten (Abb. 22). Die Tätigkeit der Speicheldrüsen wird reflektorisch über bestimmte Nervenbahnen (Trigeminus und Halssympathicus) veranlaßt. Als auslösende Reize kommen Tastreize und chemische Reize in Frage. Ein Hund sezerniert Speichel, wenn ihm Sand ins Maul gebracht wird oder wenn er Nahrungsstoffe schmeckt. Auch durch Assoziationen, wie Riechen oder Sehen von

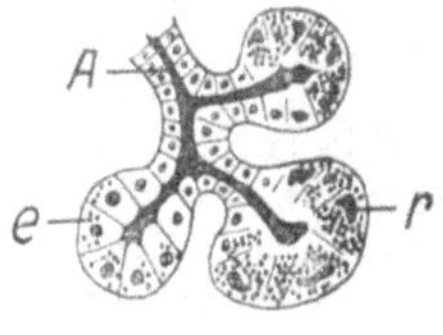

Abb. 22.
Schema der Speicheldrüse eines Säugers (nach v. Brücke). A = Ausfuhrgang, e = erschöpftes, r = ruhendes (mit Sekretgranula gefülltes) Drüsenläppchen.

Nahrung„ kann Speichelabsonderung eintreten (über diese reizphysiologischen Erscheinungen s. Teil II). Die Zusammensetzung und Menge des Speichels kann sich nach der Art des Reizes ändern. Mit der Dauer der Sekretion wird der Speichel immer dünnflüssiger, da die Sekretmasse allmählich abnimmt. Während des Speichelflusses ist der Stoffwechsel der Drüse gesteigert, ihre Gefäße erweitern sich und ihre Temperatur steigt, so daß der Speichel 1 bis $1^1/_2{}^0$ wärmer als das Blut sein kann. Die Menge des Speichels ist sehr wechselnd und kann recht erheblich sein (bei großen Wiederkäuern etwa 60 l pro Tag). Seine Reaktion ist alkalisch. An anorganischen Stoffen enthält er neben Wasser phosphorsauren Kalk, sowie Calciumbicarbonat, das an der Luft zu kohlensaurem Kalk wird (Zahnstein), und andere Salze in geringen Mengen. Seine organischen Bestandteile sind Mucin zum Schlüpfrigmachen der Bissen und andere Eiweißstoffe, sowie die Speichelamylase („Ptyalin"), die Polysaccharide in Zucker spaltet (s. S. 28). Die so zum Teil vorverdaute Nahrung wird in kleinen Portionen durch den Schluckakt in den Magen befördert. Besondere Verhältnisse liegen bei den Wiederkäuern vor (Abb. 21 d). Hier gelangt die durchgekaute und mit Speichel vermischte Nahrung zunächst in den Pansen und Netzmagen, wo eine weitere Durchknetung und Durchmischung erfolgt. Nach einiger Zeit wird sie wieder in das Maul gebracht und nach abermaliger Durchkauung und Durchspeichlung wieder geschluckt. Dies kann sich mehrmals wiederholen. Dann wird der Speisebrei durch Verschluß der „Rinne" in den Blättermagen geschafft, wo er noch weiter zerrieben und entwässert wird. Von hier gelangt er in den Labmagen, der physiologisch dem Magen der übrigen Säuger entspricht. Der Aufenthalt der Nahrung in Pansen und Haube ist für diese ausgesprochenen Pflanzenfresser von Wichtigkeit, da hier eine ausgiebige Aufschließung der Zellulose mit Hilfe von Mikroorganismen (Bakterien und Infusorien aus der Familie der *Ophryoscolecidae)* stattfindet. Es entstehen dabei Fettsäuren und besonders Milchsäure, die vom Tier ausgenutzt werden können. Die sich in großer Menge entwickelnden Gase (besonders CO_2 und CH_4) werden durch „Rülpsen" (Ruktus) entfernt. Bei den übrigen Säugern, bei denen der Schlundabschnitt des Magens geringer oder gar nicht entwickelt ist, kommt diese Art der Verdauung nicht oder in weniger starkem Maße vor. Bei ihnen liegen im größten Teil der Magenwand drei Arten regional verteilter Drüsen (s. S. 71). Die Kardiadrüsen sind von einfachem tubulösen Typ und erzeugen hauptsächlich Schleim, vielleicht auch eine Karbohydrase. Die Fundusdrüsen (Abbildung 23) sind dadurch ausgezeichnet, daß außer epithelial angeordneten Zellen, den Hauptzellen, die Pepsin und Lab absondern, große, rundliche Zellen, Belegzellen, vorkommen, in denen Salzsäure erzeugt wird, und die durch intrazelluläre Sekretgänge mit dem Drüsenlumen in Verbindung stehen. Die Pylorusdrüsen enthalten nur Hauptzellen. Die Bildung und Abgabe der Sekrete der Magendrüsen erfolgt in ähnlicher Weise wie bei den Speicheldrüsen. Der sekretorische Nerv ist der Vagus. Über die Wirkung des Pepsins und des Labferments wurde schon gesprochen. (S. 41). Die Bedeutung der Salzsäure (beim Hunde etwa 0,5 %) besteht in der Ansäuerung des Magensaftes (Pepsin wirkt nur bei saurer Reaktion), Spaltung von Kohlehydraten, Lösung von Kalksalzen (namentlich für Knochenfresser wichtig) und Abtötung schädlicher Mikroorganismen. Der Mageninhalt wird zur weiteren Verarbeitung als sog. Chymus portionsweise durch den Pylorus in das Duodenum weitergegeben. Der Schließmuskel des Pylorus läßt nur Chymus hindurch, wenn im Duodenum keine saure Reaktion herrscht (Pylorusreflex). In das Duodenum münden die Ausfuhrgänge der Leber und des Pankreas, und ihre Sekrete machen die Nahrung weiter resorptionsfähig. Die Leber erzeugt die Gallenflüssigkeit, und zwar kontinuierlich, weswegen dies Sekret meist in einer Gallenblase eingedickt und gesammelt wird (bei einigen Säugern, z. B. beim

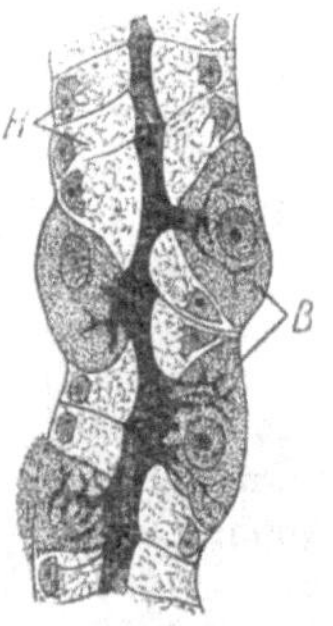

Abb. 23. Teil einer Fundusdrüse der Katze. (Nach Zimmermann aus Hesse.) B = Belegzellen, H = Hauptzellen.

Pferd, fehlt eine Gallenblase). Es wird nur bei Gebrauch in den Darm abgegeben, wobei der Austritt durch den Sekretionsdruck und die Tätigkeit der Muskeln von Blase und Gängen erfolgt *(Nervus splanchnicus)*. Die Reaktion der Galle ist neutral oder schwach alkalisch. In ihr finden sich die Gallensäuren, meist als Natronsalze. Es sind „gepaarte" Säuren, d. h. sie entstehen unter Wasserabspaltung aus zwei Säuren, von denen die eine die Cholsäure ($C_{24}H_{40}O_5$), die andere meist eine Aminosäure ist (Glykocholsäure = Glykokoll + Cholsäure; Taurocholsäure = Taurin + Cholsäure usw.) Ferner die Gallenfarbstoffe (Bilirubin und Biliverdin), die in der Leber aus dem Hämoglobin des Blutes gebildet werden. Cholesterin, Lezithin, Mucin, Fette, Harnstoff, eine Amylase, eine Protease, Salze usw. Die Galle emulgiert Fette, verseift Fettsäuren, verdaut in geringem Maße Kohlehydrate, neutralisiert die Magensäure und regt die Darmbewegung (Peristaltik) an. Das Pankreas ist eine zusammengesetzte tubulöse Drüse; in ihm liegen die „Langerhansschen Inseln", auf deren Funktion später eingegangen wird (s. S. 124). Es wird durch Vagus und Sympathicus innerviert. Ferner wird die Sekretion des Pankreassaftes noch dadurch angeregt, daß aus der Magen- und Duodenalwand ein Stoff, das Sekretin, frei gemacht wird, der auf dem Blutwege in die Drüse gelangt (Innere Sekretion, s. S. 122). Durch seinen Gehalt an Natriumkarbonat ist der Pankreassaft alkalisch. Er enthält eine Amylase, die der des Speichels ähnlich ist, eine Protease — das Trypsin (s. S. 41) — und eine Lipase. Im Dünndarm endlich findet die fermentative Verdauung durch die Sekrete von Wanddrüsen (Brunnersche Drüsen) ihren Abschluß. Diese alkalisch reagierenden Säfte enthalten Mucin, Natriumkarbonat, Kochsalz, Erepsin (s. S. 41) und vielleicht eine Amylase. Im Enddarm wird nur Schleim erzeugt. In ihm, sowie besonders im Blinddarm finden noch wichtige unter der Einwirkung von Bakterien ablaufende Gärungsvorgänge statt.

Die Resorption der verdauten Nahrungsstoffe erfolgt hauptsächlich im Dünndarm. Magen und Enddarm spielen

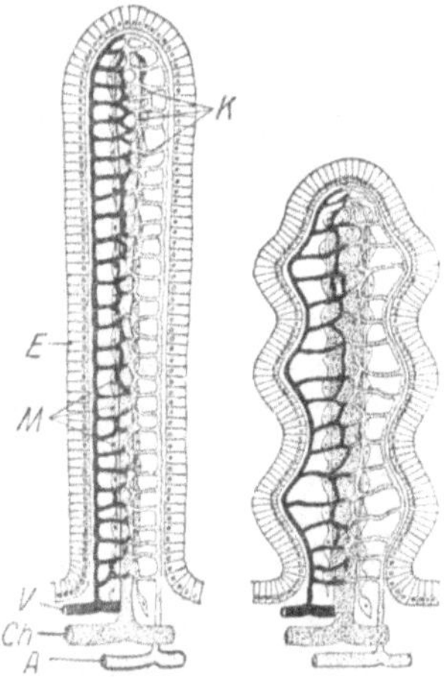

Abb. 24.
Schema der Darmzotten. Links: gestreckt, rechts: zusammengezogen. A = Arterie, Ch = Chylusgefäß, E = Epithel, K = Kapillarschlingen, M = Muskeln, V = Vene.

hierbei nur eine untergeordnete Rolle. Der Dünndarm ist dicht mit Zotten (Abb. 24) besetzt, wodurch die resorbierende Oberfläche sehr stark vergrößert wird. Die Zotten strecken sich rhythmisch aus und ziehen sich zusammen („Zottenpumpe"), wodurch die Resorption gefördert wird. In jeder Zotte liegen Gefäßschlingen und Lymphräume (Chylusgefäße), die die resorbierten Stoffe aufnehmen und abtransportieren, und zwar gelangen die meisten in die Blutbahnen, wo ihre Weiterbeförderung hauptsächlich durch die Pfortader (s. S. 118) erfolgt. Die Fette werden zum größten Teil in die Lymphräume aufgenommen und durch den *Ductus thoracicus* (s. S. 110) dem Venenblut zugeführt (vgl. auch S. 118).

IV. ATMUNG

a) Allgemeines

Im Tierkörper laufen dauernd chemische Prozesse ab, unter denen die Verbrennungsvorgänge, also Umsetzungen, bei denen Sauerstoff aufgenommen wird, eine hervorragende Rolle spielen. Ein Endprodukt dieser Oxydationsprozesse ist Kohlensäure, die giftig für den tierischen Organismus ist. Die Tiere müssen also Sauerstoff aufnehmen und Kohlensäure abgeben (mit Ausnahme der autotrophen und anaeroben Formen, s. S. 28). Der Austausch dieser Stoffe geschieht in G a sform, es findet ein Gaswechsel statt, den man Atmung nennt.

Die Stellen, an denen Sauerstoff verbraucht und Kohlensäure abgeschieden wird, liegen in den Organen und Geweben, zum Teil also tief im Inneren des Tierkörpers, während die Aufnahme bzw. Abgabe der Atemgase an den Grenzen des Organismus gegen das umgebende Medium (Luft oder Wasser) erfolgt. Den Transport der Gase zwischen den Aufnahme- und Abgabestellen und den Orten des Verbrauches und der Abscheidung besorgen meist Körperflüssigkeiten. (Eine Ausnahme macht die Tracheenatmung, s. S. 83). Man unterscheidet daher eine äußere Atmung, d. h. den Gasaustausch zwischen Umgebung und Körperflüssigkeit, und eine innere Atmung, worunter der Austausch zwischen Körperflüssigkeit und Geweben zu verstehen ist. Die Oxydationsprozesse in den Zellen, durch die die Hauptenergiemengen geliefert werden, nennt man Zellatmung. Die auf Seite 36 schon geschilderten Vorgänge, die stets mit Gärung gekoppelt sind, bestehen aus verwickelten Oxydations- und Reduktionsprozessen, deren Wesen in einer fermentativen Übertragung von Sauerstoff auf die Substrate besteht. Das Atmungsferment (Hämin) überträgt den von der Zelle aufgenommenen Sauerstoff auf die besonders in stark atmenden Zellen vorkommenden Cytochrome, die sie an das Vitamin-B_2-haltige gelbe Oxydationsferment weitergeben, das aus einem Eiweißkörper und einem Koferment besteht und den gelben Farbstoff Luminoflavin enthält. Den zu oxydierenden Stoffen wird durch dehydrierende Fermente der Wasserstoff entzogen, der sich mit dem Sauerstoff des gelben Ferments zu Wasser verbindet. Bei der Abgabe der Kohlensäure spielt ebenfalls ein Ferment, die Karboanhydrase, eine wichtige Rolle, da es die Reaktion $H_2CO_3 = CO_2 + H_2O$ ganz wesentlich beschleunigt.

Die äußere Atmung erfolgt durch die Oberfläche des Tierkörpers, und zwar entweder durch die ganze Oberfläche oder durch bestimmte, besonders ausgebildete Stellen, die man als Atmungsorgane bezeichnet. Es sind meist Ein- oder Ausstülpungen der Oberfläche, die diese im Verhältnis zum

Volumen des Tieres vergrößern. Diese Vergrößerung wird oft durch Faltenbildungen in den Atmungsorganen noch stark gesteigert.

Im wesentlichen beruht die Atmung auf Diffusion von Gasen in und aus Körperflüssigkeiten und unterliegt daher den physikalischen Gesetzen der Gasdiffusion, deren wichtigste für die Atmung die folgenden sind:

1. Frei in Berührung befindliche Gase verschiedener Art mischen sich gleichmäßig miteinander. 2. Der Druck (die Spannung) eines solchen Gemisches ist gleich dem Druck, unter dem die Gase vor der Diffusion standen. Daher übt in dem Gemisch jede Komponente denselben Druck aus, den sie ausüben würde, wenn sie allein in dem betreffenden Raum vorhanden wäre. Man nennt diesen Druck den Partialdruck des Gases. Der Druck des Gemisches ist gleich der Summe der Partialdrucke. 3. Gase diffundieren auch in Flüssikeiten, sie werden von ihnen absorbiert. 4. Die von Flüssigkeiten absorbierten Gasmengen sind proportional dem Druck, unter dem das Gas steht (Absorptionsdruck). 5. Jede Flüssigkeit hat für jedes Gas einen Absorptionskoeffizienten, der angibt, wieviel Gas in 1 ccm Flüssigkeit bei bestimmtem Druck und bestimmter Temperatur gelöst wird. Der Koeffizient nimmt mit wachsendem Druck zu, mit wachsender Temperatur ab. 6. Aus einem Gasgemisch absorbiert eine Flüssigkeit die einzelnen Gase maßgeblich ihrer Partialdrucke. 7. Die Gase werden von den Flüssigkeiten unter entgegengesetzten Bedingungen im gleichen Maße wieder abgegeben.

In tierischen Geweben wird dauernd O_2 verbraucht, daher ist die O_2-Spannung in ihnen gering. In den Körperflüssigkeiten, die durch Atmung immer wieder neuen Sauerstoff aufnehmen, ist die O_2-Spannung größer. Daher nehmen die Gewebe aus den Körperflüssigkeiten Sauerstoff auf. Durch Oxydationsprozesse wird in den Geweben fortwährend CO_2 gebildet, wodurch in ihnen eine relativ hohe CO_2-Spannung entsteht. In den Körperflüssigkeiten ist diese gering, da CO_2 nach außen abgegeben wird. Die Körperflüssigkeiten entziehen den Geweben daher CO_2. Bei der äußeren Atmung sind die

Verhältnisse umgekehrt: In Luft oder Wasser hohe O_2- und niedrige CO_2-Spannung, in den Körperflüssigkeiten niedrige O_2- und hohe CO_2-Spannung. Es wird daher O_2 aus dem Medium aufgenommen und CO_2 in dieses abgegeben.

Ob Sauerstoff aus der Luft oder aus dem Wasser aufgenommen wird, ist grundsätzlich gleich. Jedoch ist die Zusammensetzung der im Wasser gelösten Luft (denn nur diese kommt für die tierische Atmung in Frage, nicht der Sauerstoff in dem Wassermolekül H_2O) anders als in der Luft der Atmosphäre. 1000 ccm atmosphärische Luft enthalten 209,2 ccm O_2, 778,6 ccm N_2, 0,3 ccm CO_2, 1,9 ccm Argon und wechselnde Mengen von Wasserdampf, Staub und anderen Stoffen. In Luft finden sich also etwa 21 % O_2, 78 % N_2 und 0,03 % CO_2. Die im Wasser absorbierte Luft wechselt in Menge und Zusammensetzung nach äußeren Faktoren, wie Temperatur, Luftdruck, Pflanzenwuchs (die grünen Pflanzen erzeugen O_2, s. S. 29), Fäulnisprozessen, Verunreinigungen usw. Der Absorptionskoeffizient des Sauerstoffes für Wasser ist größer als der des Stickstoffes, so daß die im Wasser gelöste Luft relativ viel sauerstoffreicher als die Atmosphäre ist. (Im Wasser sind etwa 35 % O_2 und 65 % N_2 gelöst.) 1000 ccm mit Luft gesättigtes Wasser enthalten bei 760 mm Hg-Druck bei 0° C 9,6, bei + 5° C 8,6, bei + 15° C 6,8, bei + 20° C 6,2 ccm O_2 usw. Die O_2-Menge nimmt also mit steigender Temperatur ab. In natürlichen Gewässern wurden pro 1000 ccm folgende Werte ermittelt:

Flußwasser (Seine bei Paris): 6 bis 8 ccm O_2 und 13 bis 17 ccm N_2; Teichwasser: 7,9 ccm O_2 und 13 bis 15 ccm N_2; Meerwasser 4,8 bis 6,8 ccm O_2 und 12,5 bis 14,1 ccm N_2.
Die absolute Sauerstoffmenge im Wasser ist also viel geringer als in der Luft.

In einem luftverdünnten Raum entweichen aus den Körperflüssigkeiten eines Tieres die Gase. Die Analyse des Gasgemisches aus menschlichem Blut ergab (in Volumenprozenten): Das von den Atmungsorganen den Geweben zufließende Blut — arterielles Blut — enthielt 20 % O_2, 49 % CO_2 und

1,2 % N_2. Das von den Geweben den Atmungsorganen zuströmende — venöses Blut — 12 % O_2, 55 % CO_2 und 1,2 % N_2. Für menschliche Körpertemperatur und Normaldruck sind die Absorptionskoeffizienten dieser Gase für die Blutflüssigkeit in (Volumenprozenten): Für O_2 2,31 %, für CO_2 53,0 % und für N_2 1,2 %. Es stimmen also nur die Werte für den Stickstoff miteinander überein, d. h. nur dieser ist in der Blutflüssigkeit einfach wie im Wasser gelöst. Sauerstoff und Kohlensäure müssen also, außer in einfacher Lösung, noch in anderer Form in den Körperflüssigkeiten festgehalten werden.

Die Aufnahme des Sauerstoffes in das Blut erfolgt durch lockere chemische Bindung an komplizierte Eiweißkörper, die meist lebhaft gefärbt sind und daher Blutfarbstoffe genannt werden. Die wichtigsten dieser Stoffe sind die Hämoglobine (s. S. 17), die durch die Bindung mit O_2 zu Oxyhämoglobinen werden. Die Bindung ist abhängig von dem O_2-Partialdruck und anderen Faktoren (s. S. 107). Die Kohlensäure ist teils in der Blutflüssigkeit gelöst, teils an Eiweißkörper gebunden, jedoch sind diese Verhältnisse noch nicht genügend geklärt. Von besonderer Bedeutung ist, daß weder O_2 noch CO_2 in größeren Mengen im tierischen Organismus gespeichert werden, wodurch bedingt wird, daß jede Änderung in den Oxydationsprozessen im Körper in einer entsprechenden Veränderung der Atemluft und damit des respiratorischen Quotienten zum Ausdruck kommt (s. S. 35).

Die große Mannigfaltigkeit der Tierformen und die wechselnden Umweltverhältnisse bedingen sehr verschiedene morphologische und physiologische Ausbildungen der Atemeinrichtungen. Man unterscheidet daher

b) Verschiedene Arten der Atmung.

Die einfachste Art ist die Hautatmung, bei der keine besonderen Atmungsorgane vorhanden sind, sondern der Gasaustausch auf der ganzen Oberfläche des Tieres stattfindet. Neben der Hautatmung können bei demselben Tier auch Atemorgane vorkommen. Oft ist die Hautatmung nur auf bestimmte Stellen der Oberfläche beschränkt (lokalisierte

Hautatmung). Die Oberflächen von Körperhöhlen, die hauptsächlich anderen Zwecken dienen, können nebenbei Atemfunktion haben (z. B. Därme). Bedingung für Hautatmung ist, daß ein dünnes und weiches Epithel vorhanden ist, das den Gasen schnellen Durchtritt gestattet, und daß diese Schicht von Körperflüssigkeit durchspült — gut durchblutet — wird, um die Gase ihren Bestimmungsorten zuführen zu könnn.

Die wichtigste Atmungsart im Wasser ist die Kiemenatmung, die durch Ausstülpungen der Oberfläche — Kiemen — ausgeführt wird. Die Kiemen haben ein stark durchblutetes, dünnes Epithel (respiratorisches Epithel). Da dieses empfindliche Epithel auf Ausstülpungen der Oberfläche, also auf Körperanhängen, liegt, sind Kiemen nur zur Wasseratmung geeignet, weil sie bei landlebenden Tieren der Austrocknung ausgesetzt wären. Kiemen können an sehr verschiedenen Körperstellen sitzen (s. S. 84 ff.). Da dem Umgebungswasser durch die Kiemen dauernd O_2 entzogen wird, nimmt seine O_2-Spannung ab, so daß stets für Erneuerung des Wassers gesorgt werden muß. Dies geschieht meist durch Erzeugung von Wasserströmen, die entweder durch Flimmerschlag oder durch Muskelbewegung hervorgerufen werden.

Die dritte Atmungsart, die Lungenatmung, kommt sowohl bei Wasser- als auch bei Landtieren vor. Lungen sind Einstülpungen der Haut oder von Körperhöhlen, die mit respiratorischem Epithel ausgestattet sind. Auch sie können an verschiedenen Körperstellen liegen. Die Luft- oder Wassererneuerung wird, außer durch Diffusion, durch Erweiterung (Einatmung = Inspiration) oder Verengung (Ausatmung = Exspiration) der Lungen, also durch Ein- und Auspumpen des Atemmediums, erreicht. Durch Regulation dieses Rhythmus kann bei Luftatmern der Gasdruck in den Lungen fast konstant erhalten werden (Tiere mit konstanter Gasspannung), jedoch kann bei manchen Tieren die Lunge längere Zeit (z. B. beim Tauchen) geschlossen werden, während der vorher aufgenommene Sauerstoff langsam verbraucht und CO_2 in die Lungenluft abgegeben wird (Vorratslungen), wodurch sich die Gasdrucke in der Lunge ändern (Tiere mit inkonstanter Gasspannung).

Eine weitere Atmungsart ist die Tracheenatmung. Tracheen sind dünnwandige Einstülpungen der Oberfläche, die sich im Innern des Körpers stark verzweigen und mit ihren feinen Endverästelungen alle Organe umspinnen und bis zu den einzelnen Zellen reichen. Dadurch ist hier — im Gegensatz zu den anderen Atmungsorganen — die Möglichkeit gegeben, die Atemgase führenden Medien direkt zu den Stellen des Verbrauches zu bringen. Körperflüssigkeiten sind hier nicht zum Transport der Atemgase nötig und werden auch nicht in dieser Weise verwendet. Bei den mit Tracheen ausgestatteten Luftatmern stehen die eingestülpten Röhren durch Öffnungen, Stigmen, mit der Außenwelt in Verbindung (offene Tracheen). Bei Wasseratmern sind die Tracheen geschlossen, d. h. es besteht keine Verbindung zwischen dem Außenmedium und den Röhrensystemen im Körperinneren. Tracheenäste reichen hier in sehr dünnwandige Körperanhänge, in denen sie sich zu oberflächlich unter der Haut liegenden Kapillarsystemen aufspalten (Tracheenkiemen). Geschlossene Tracheen können auch in der Wand des Enddarmes liegen (manche Libellenlarven). Die Erneuerung der Atemgase erfolgt bei den offenen Tracheen vielfach durch bloße Diffusion; wo dies nicht ausreicht, durch Erweiterung und Verengung der Lumina, bei den Tracheenkiemen durch Bewegung dieser Organe und bei Enddarmtracheen durch Durchspülung des Darms mit Wasser.

In den Zellen oder Geweben einiger Wassertiere (Protozoen, Schwämme, Cölenteraten, niedere Würmer) kommen symbiontische Algen (Zoochlorellen und Zooxanthellen) vor, die im Licht durch Photosynthese (s. S. 29) O_2 erzeugen und dadurch die Atmung ihrer Wirte unterstützen.

c) Die Atmung bei den verschiedenen Tiergruppen

Von Protozoen sind keine Ateneinrichtungen bekannt. Es handelt sich bei ihnen stets um sehr kleine Formen, deren Oberfläche relativ groß ist, so daß sie zum Gasaustausch genügt. Sehr viele Einzellige sind lebhaft bewegliche Tiere, die durch den Schlag ihrer Wimpern oder Geißeln immer bald wieder in neues Wasser geführt werden oder sich dieses herbeistrudeln. Manche suchen auch aktiv sauerstoffreiche Wasserschichten auf (Aerotaxis s. Teil II). Bei einigen Formen (z. B. *Amoeba viridis, Paramaecium bursaria)* erzeugen symbiontische Algen in der Zelle Sauerstoff. Da dies nur bei starkem Licht möglich ist, sind diese Protozoen positiv phototaktisch (s. Teil II). Viele Einzeller leben anaerob (Parasiten und Fäulnisbewohner).

Schwämme und Cölenteraten sind weichhäutige Tiere mit relativ großen Oberflächen, die keine Atmungsorgane haben. Die Erneuerung des Atemwassers geschieht vielfach durch Flimmerschlag (z. B. bei Schwämmen, s. S. 47/48). Bei den Medusen bedingen die rhythmischen Pumpbewegungen der Glocke, die in erster Linie der Ortsbewegung dienen (s. Teil II), eine ausgiebige Erneuerung des Atemwassers. Bei einigen Formen (Süßwasserschwämme, *Chlorohydra)* dienen symbiontische Algen als O_2-Lieferanten. *Chlorohydra* ist daher positiv phototaktisch. Actinien kriechen bei O_2-Mangel an die Wasseroberfläche und bei feuchter Luft auch über sie hinaus.

Auch bei den Scoleciden ist die Oberfläche relativ so groß, daß sie ohne besondere Atmungsorgane auskommen. Zur Wassererneuerung trägt bei Turbellarien und Rotatorien die auch anderen Zwecken dienende Wimpertätigkeit bei. Bei manchen Formen wird das Gastrovaskularsystem zeitweilig mit Wasser durchspült (Planarien). Einige führen symbiontische Algen *(Dalyella, Convoluta).* Die Parasiten leben zum Teil anaerob.

Bei den Anneliden, bei denen es viele nur mit der Haut atmende Formen gibt, treten zum erstenmal in der Tierreihe Atemorgane auf. Bei vielen Polychäten stehen dorsal an den Parapodien fadenförmige, kammförmige oder baumartig verästelte Kiemen. Sie können an allen Rumpfmetameren oder nur an einigen vorkommen (z. B. *Arenicola* und sedentäre Formen). Bei einigen Oligochäten sitzen Kiemen am Hinterende *(Dero),* bei Egeln (z. B. *Branchellion, Ozobranchus)* an manchen Körperringen. Die Fischegel *Piscicola* und *Cystobranchus* haben dünnhäutige pulsierende Seitenbläschen, durch die Leibesflüssigkeit strömt. Darmatmung ist häufig; so bei *Nais* und den Tubificiden, die durch den After Wasser einflimmern. Undulierende Körperbewegungen dienen oft der Erzeugung von Wasserströmen zur Wassererneuerung, was bei Egeln und namentlich bei Tubificiden, die mit den Vorderenden im Schlamm stecken, gut zu beobachten ist. Diese Oligochäten strecken die Hinterleiber stets so weit aus dem Schlamm hervor, daß die Afteröffnungen sich in einer Wasserschicht von bestimmtem O_2-Gehalt befinden (Abb. 25), deren Höhe über der Schlammoberfläche je nach der Durchlüftung des Wassers wechselt. Viele Anneliden haben Hämoglobin (z. B. *Tubifex, Lumbricus, Hirudo*), was sie befähigt, die sehr geringen O_2-Mengen in Erde oder Schlamm respiratorisch auszunutzen. Sie können auch zeitweilig anaerob Glykogen vergären (fakultative Anoxybiose).

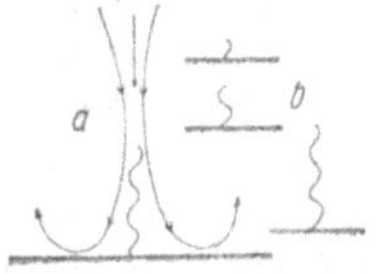

Abb. 25.
a) Die Richtung des Wasserstroms bei der Atmung von *Tubifex* (Oligochät), b) Ausstreckung des Hinterendes von *Tubifex* bei verschiedenen O_2-Konzentrationen des Wassers (nach Alsterberg).

Die Mollusken sind vorwiegend Haut- und Kiemenatmer. Bei den Gastropoden gibt es Formen ohne besondere Atemorgane (manche Proso- und Opisthobranchier). Auch bei den mit solchen ausgerüsteten Schnecken dürfte fast stets die Hautatmung außerdem eine große Rolle spielen. Die Kiemen sind sogenannte Ctenidien (Kammkiemen), d. h. bewimperte Auswüchse der Körperwand, an denen in zwei Reihen seitliche Zapfen stehen, die außen mit

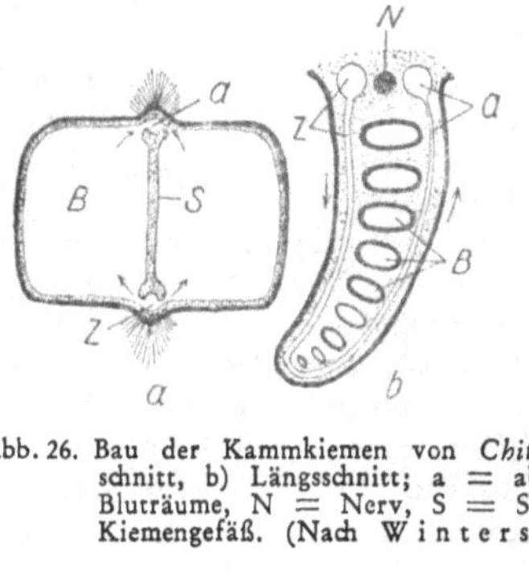

Abb. 26. Bau der Kammkiemen von *Chiton* (Käferschnecke): a) Querschnitt, b) Längsschnitt; a = abführendes Kiemengefäß, B = Bluträume, N = Nerv, S = Scheidewand, Z = zuführendes Kiemengefäß. (Nach Winterstein, etwas verändert.)

respiratorischem Epithel bekleidet sind und innen von Blut durchströmt werden (Abb. 26). Die Ctenidien stehen meist in Ein- oder Zweizahl in der Nähe des Afters in der Mantelhöhle, bei Chitonen zu vielen an beiden Körperseiten in der Mantelrinne. Wassererneuerung erfolgt durch Wimperschlag. Oft sind Röhren — Siphonen —, die den Wasserstrom in die Mantelhöhle leiten, ausgebildet. Bei den Lungenschnecken (Pulmonaten) sind die Kiemen reduziert, dafür ist das Mantelhöhlendach mit stark durchblutetem Epithel ausgekleidet. Durch ein verschließbares Atemloch (Spiraculum) ist die Mantelhöhle mit der Außenwelt verbunden. Die Erneuerung der Atemluft wird, außer durch Diffusion, durch Hebung und Senkung des Lungenbodens, wodurch Luft aus- und eingepumpt wird, bewirkt (Abb. 27). Auch die Wasserschnecken unter den Pulmonaten (z. B. *Limmaea* und *Planorbis)* atmen auf diese Weise und kommen von Zeit zu Zeit zur Oberfläche, um atmosphärische Luft aufzunehmen, der sie unter Wasser O_2 entnehmen (Vorratslunge). Manche Arten vermögen mittels der Lunge, die dann mit Wasser gefüllt ist, aus dem Wasser zu atmen, wie die Limnaeen aus den Tiefen des Genfer Sees, die nie zur Oberfläche kommen. Bei *Planorbis* stehen in der Lungenhöhle akzessorische Kiemen, die diesen Schnecken ebenfalls Wasseratmung gestatten. Bei manchen Gastropoden kommen Blutfarbstoffe vor, z. B. Hämoglobin bei *Planorbis* und Hämocyanin (s. S. 109) bei *Helix*.

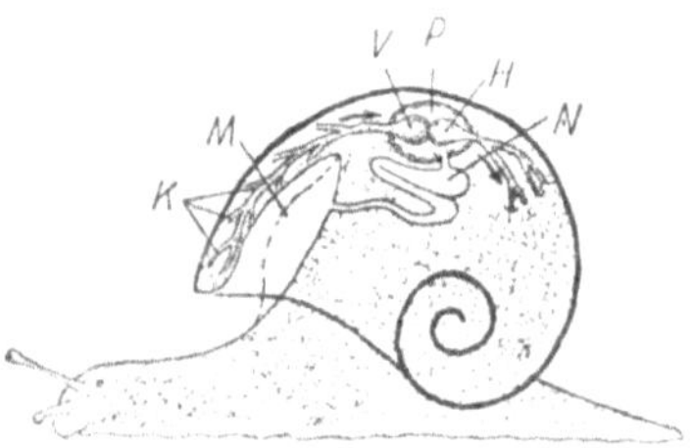

Abb. 27.

Schema des Atemmechanismus, des Blutkreislaufs und der Niere von *Helix* (Schnecke). H = Herzkammer, K = Kapillaren der Mantelhöhlenwand, M = Mantelhöhle (die gestrichelte Linie deutet ihre Verengung bei der Exspiration an), N = Niere, P = Perikardialhöhle, V = Herzvorkammer.

Bei den Muscheln sind aus den Ctenidien meist vorhangartige Blätter mit sehr großer Oberfläche geworden, die entweder aus einzelnen Fäden (Filibranchier) oder aus verwickelten Netzwerken (Pseudo- und Eulamellibranchier) bestehen. Sie sind mit Wimpern bestanden, die einen Wasserstrom erzeugen (s. S. 57), der durch die Einströmungsöffnung in den Raum zwischen und unter den Kiemen (extrabranchialer Raum), von dort zwischen den Kiemenbalken hindurch (interlamellöser Raum) und von hier durch die Ausströmungsöffnung (Kloake) nach außen fließt (Abb. 28). In den Kiemen zirkuliert das oft Hämoglobin oder Hämocyanin enthaltende

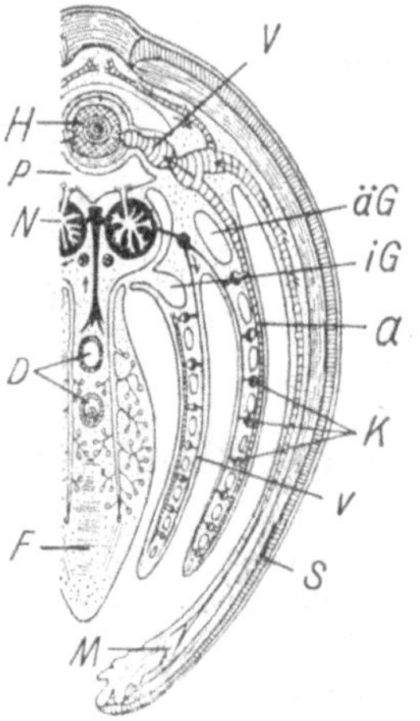

Abb. 28. Schematischer Querschnitt durch die Hälfte einer Muschel (nach Stempell): a = arterielles Kiemengefäß, äG = äußerer Kiemengang, D = Darm (zum Teil mit Typhlosolis), F = Fuß, H = Herzkammer, iG = innerer Kiemengang, K = Kiemenkapillaren, M = Mantel, N = Niere, P = Perikardialhöhle, S = Schale, V = Herzvorkammer, v = venöses Kiemengefäß.

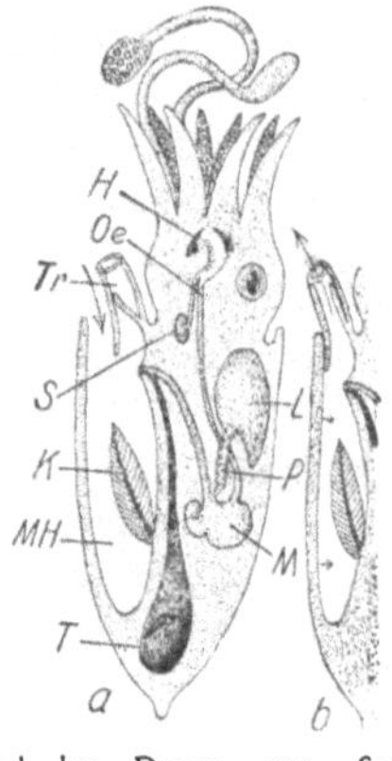

Abb. 29. Schema des Atemmechanismus und des Darms von *Sepia* (Cephalopode): a) Inspiration, b) die Mantelhöhle (MH) bei der Exspiration, H = Hornkiefer (daneben die Radula). K = Kieme, L = Leber, M = Magen mit Blindsack, Oe = Ösophagus, P = pankreatische Anhänge am Lebergang, S = Speicheldrüse, T = Tintenbeutel, Tr = Trichter.

Blut (s. S. 109). Die Ein- und Ausströmungsöffnungen sind häufig zu langen Siphonen ausgewachsen.

Die Cephalopoden haben in der Mantelhöhle zwei (oder vier: *Nautilus)* Ctenidien, die durch besondere Herzen (Kiemenherzen, s. Abb. 55) mit hämocyaninhaltigem Blut versorgt werden. Bei der Einatmung wird die Mantelhöhle erweitert und der Trichter geschlossen, so daß Wasser durch die Mantelspalte einströmt (Abb. 29 a). Bei der Exspiration schließt sich die Mantelspalte, und das Wasser wird durch den jetzt geöffneten Trichter durch Verengung der Mantelhöhle ausgepreßt (Abb. 29 b), was mit solcher Gewalt geschehen kann, daß sich das Tier durch den Rückstoß fortbewegt (s. Teil II).

Die Mehrzahl der Krebse atmet durch Kiemen. Sehr kleine Formen (z. B. Copepoden) können den Sauerstoffbedarf bloß durch Hautatmung decken, einige atmen durch den Darm, wie *Leptodora*, die Wasser durch den After „einschluckt" und durch antiperistaltische Bewegungen nach vorn treibt. Die Kiemen sitzen meist an den Beinen, oder diese sind zu Atemplatten umgebildet. Die Phyllopoden tragen an den Basalgliedern der Spaltfüße Kiemensäckchen (Abb. 30), die durch die dauernden Beinbewegungen (s. S. 58) mit neuem Atemwasser versorgt werden. Bei *Asellus* sind die Abdominalfüße zu fortwährend schlagenden Atemplatten geworden. Die Dekapoden haben an den Basen der Schreitfüße büschelförmige Kiemen, die von den Seitenteilen des Cephalothorax überwölbt werden, so daß sie in Kiemenhöhlen liegen, die ventral und hinten durch einen schmalen Spalt mit der Außenwelt in Verbindung stehen. Schwingungen einer Platte an der zweiten Maxille erzeugen einen Wasserstrom, der von hinten nach vorn durch die Höhle fließt. Bei

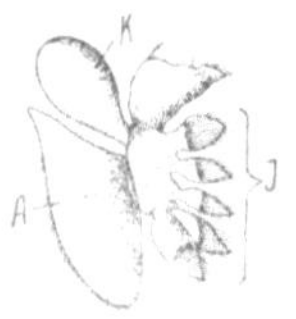

Abb. 30. Bein von *Triops* (Phyllopode). (Aus Spandel nach Wolf, etwas verändert.) A = Außenast, I = Innenast, K = Kiemensäckchen (Epipodit).

den Brachiuren sind die Kiemenhöhlen bis auf kleine Öffnungen geschlossen, so daß sie bei Luftaufenthalt lange Feuchtigkeit halten. Lungenartige Bildungen neben den Kiemen kommen, außer bei Krabben, bei dem Palmendieb *(Birgus latro)* vor, bei dem die Kiemenhöhlenwand zum Teil mit gefäßreichen Wucherungen ausgekleidet ist. *Birgus* kann daher auch bei großer Hitze (Heimat Ostindien) auf dem Lande leben, pflegt allerdings nachts das Wasser aufzusuchen. Bei manchen Landasseln *(Porcellio, Armadillidium)* liegen in den Außenästen des ersten und zweiten Abdominalfußpaares verästelte tracheenartige Einstülpungen, die reichlich von Blut umspült werden und der Luftatmung dienen (weißer Körper). Das Blut der Krebse enthält Hämoglobin oder Hämocyanin.

Eine Sonderstellung nimmt die Atmung der Spinnen ein. Außer echten Röhrentracheen haben sie Fächertracheen (Tracheenlungen), die mit einem Querspalt (Stigma) am Hinterleib ausmünden. Die vordere Wand ihres flachen Vorhofes ist wie ein Ofenrost von parallelen Schlitzen durchbrochen, die in niedrige Chitintaschen führen, die wie die Blätter eines Buches aufeinanderliegen und durch Säulchen miteinander verbunden sind. Zwischen ihnen fließt ein Blutstrom, der ihnen O_2 entnimmt (Abb. 31). Die Lufterneuerung erfolgt hauptsächlich durch Diffusion.

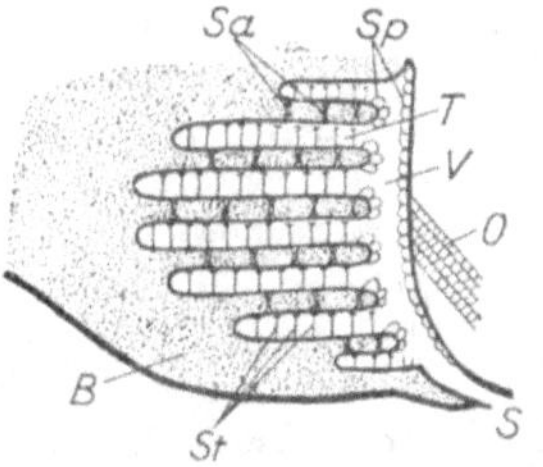

Abb. 31.
Schematischer Längsschnitt durch die Fächertrachee einer Spinne. (Nach einer Skizze von A. Kästner.) B = Blutraum, O = Stigmenöffner, S = Stigma, Sa = Säulchen, Sp = Chitinspangen, St = Chitinstiftchen, T = Atemtasche, V = Atemvorhof.

Als Hauptatmungsorgane treten die Röhrentracheen bei den Tracheaten, unter denen die Insekten die hervorragendste Stelle einnehmen, auf. Hautatmung ist bei diesen meist gepanzerten Tieren von untergeordneter Bedeutung. Die

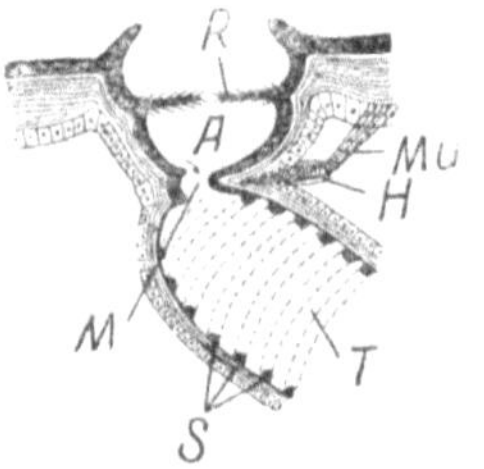

Abb. 32.
Stigma mit Reuse (R), Atrium (A) und Verschlußeinrichtung nach Weber). H = Verschlußhebel, M = Stigmenmund, Mu = Schließmuskel, S = Spiralfäden, T = Trachee.

Tracheen (s. auch S. 83) sind elastische epitheliale Röhren, die durch spiralige Chitinfäden versteift sind. Bei vielen, namentlich kleinen Formen und in der Ruhe genügt die Diffusion zur Gaserneuerung. Wenn Atembewegungen vorkommen, erfolgt die Verengung des Tracheenlumens (Exspiration) durch den Druck der anderen Organe bei der Bewegung des Tieres oder durch besondere Atembewegungen, die in rhythmischen Zusammenziehungen, namentlich des Abdomens, bestehen. Die Erweiterung (Inspiration) wird durch die Elastizität der Spiralfäden besorgt. Die Stigmen sind oft mit verwickelten Reusen und Verschlußeinrichtungen ausgestattet, die das Eindringen von Fremdkörpern verhindern (Abb. 32). Die Anordnung der Tracheen im Körper ist verschieden. Man kann eine in ihrer Komplikation aufsteigende Reihe verfolgen, die mit einfachen, nicht miteinander verbundenen Büscheln von Tracheen (z. B. Büscheltracheen von *Peripatus)* beginnt und über relativ wenig verästelte Systeme (z. B. *Periplaneta)* zu sehr verwickelten, mit Luftblasen (Tracheenblasen) versehenen Röhrengeflechten (z. B. *Apis)* führt (Abb. 33). Die physiologische Bedeutung der Tracheenbla-

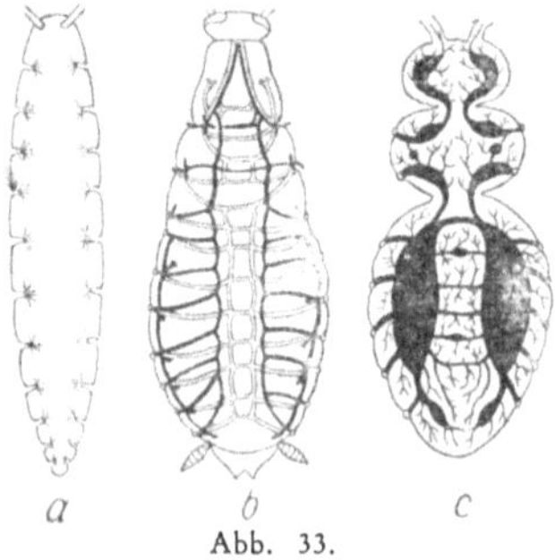

Abb. 33.
Beispiele von Tracheensystemen: a) *Peripatus* (Protracheat), b) *Periplaneta* (Schabe). (In Anlehnung an Hatschek u. Cori.) c) *Apis* (Biene). (In Anlehnung an Kellen.)

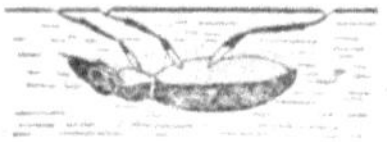

Abb. 34. Ein Hydrophilide *(Ochtebius)* unter Wasser am Wasserspiegel hängend (nach H a s e). Punktiert: der ventrale Luftvorrat.

sen, die besonders stark bei guten Fliegern (zum Beispiel Sphingiden und Syrphiden) entwickelt sind, ist noch nicht geklärt. Sicher verringern die Blasen die spezifischen Gewichte der Tiere und erleichtern dadurch das Fliegen. Fast alle Imagines und viele Larven der Wasserinsekten haben offene Tracheen und atmen im allgemeinen atmosphärische Luft. Sie müssen von Zeit zu Zeit ihren Luftvorrat an der Oberfläche erneuern. Dies geschieht bei *Dytiscus* von der Hinterleibspitze aus, die der Käfer aus dem Wasser steckt, wobei er den Raum zwischen den Flügeldecken und dem Rücken, auf dem die Stigmen liegen, mit Luft füllt. Die Hydrophiliden entnehmen mit Hilfe einer Antenne von der Oberfläche Luft, die an den feinen Haaren der Bauchseite sich ausbreitet und durch Kapillarwirkung festgehalten wird (Abb. 34). Da diesem Luftvorrat durch die Atmung dauernd O_2 entzogen wird, sinkt in ihm der Partialdruck dieses Gases, das durch Diffusion aus dem Wasser nachströmt (physikalische Kieme). Aus diesem Vorrat können die Tiere daher unter Wasser lange atmen. Viele Larven stecken Stigmen, die an röhrenartigen Bildungen liegen, aus dem Wasser und füllen so ihre Tracheensysteme mit Luft (z. B. Dytisciden, Culiciden, *Eristalis)*. Einige Larven von Wasserinsekten haben geschlossene Tracheen, die an den Seiten des Abdomens (z. B. Ephemeriden), an der Hinterleibspitze (z. B. Agrioniden) oder auch im Darm (z. B. *Aeschna)* sitzen können. Wenige Insekten (schlammbewohnende und parasitische Larven) können zeitweilig anaerob leben.

Über die Atmung der E c h i n o d e r m e n ist wenig bekannt. Morphologische Differenzierungen, wie die Papulä der Seesterne und die Bursä der Schlangensterne, werden für Atmungsorgane gehalten, doch fehlt der physiologische Beweis dafür. Dasselbe gilt für die sogenannten äußeren und inneren „Kiemen“ der Seesterne Der Nebendarm der Seeigel (s. S. 64), der mit Seewasser gefüllt ist und Peristaltik und Flimmerschlag zeigt, dient wahrscheinlich der Atmung. Die Holothurien haben echte Atemorgane in zwei großen verästelten Ausstülpungen der Kloakenwand in die Leibeshöhle, die Wasserlungen genannt werden. Sie führen pumpende Bewegungen aus, durch die Wasser ausgestoßen und eingesogen wird. Außerdem spielt bei allen Echinodermen Hautatmung durch die Ambulacralfüßchen eine Rolle.

Bei den Tunikaten und bei *Branchiostoma* dient das stark durchblutete Gitterwerk des Kiemenkorbes als Atmungsorgan. Die Ventilation erfolgt durch den schon beschriebenen Flimmerstrom (s. S. 65).

Unter den Wirbeltieren sind die Fische fast ausschließlich Wasseratmer, die den Gaswechsel hauptsächlich durch Kiemen besorgen. Die Kiemen — verwickelt gebaute, stark durchblutete Epithelblättchen — sitzen an den Kiemenbögen in den Kiemenspalten, Durchbrechungen des Vorderdarmes, die bei den Selachiern direkt nach außen münden, bei den übrigen Fischen fast stets von Kiemendeckeln bedeckt sind, so daß sie in einer Höhle liegen, die durch hintere Spalten mit der Außenwelt verbunden ist. Bei der Inspiration werden die Kiemendeckel abgespreizt und die Kiemenspalten mit einer Membran verschlossen, so daß Wasser aus der Mundhöhle zwischen den Kiemen hindurch in die Kiemenhöhle gesogen wird (Abb. 35 links). Bei der Ausatmung werden die Kiemendeckel angezogen, und das Wasser wird durch die Kiemenspalten, deren Membranen sich abheben, ausgestoßen (Abb. 35 rechts). Außerdem kommt wohl noch eine Atemform vor, bei der das Wasser bei geschlossenen Kiemenspalten durch den Mund eingesogen wird. Bei durch ventilartige Klappen geschlossenem Munde wird es aus den sich öffnenden Kie-

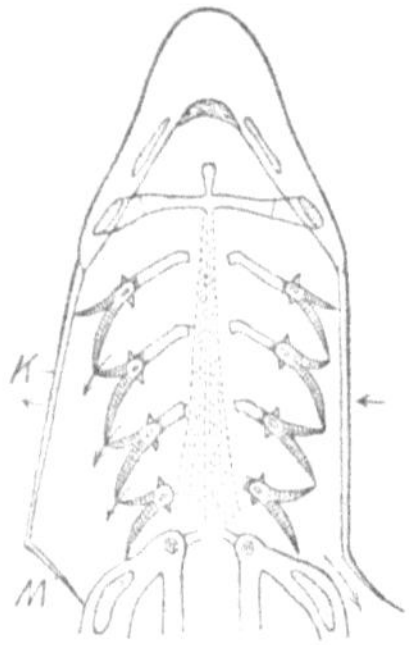

Abb. 35. Frontalschnitt durch den Atemapparat eines Knochenfisches. Links: Inspirationsstellung, rechts: Exspirationsstellung (aus v. Buddenbrock nach Woskoboinikoff). K = Kiemendeckel, M = Kiemendeckelmembran.

menspalten wieder ausgestoßen. Bei Selachiern tritt auch durch die Spritzlöcher Wasser ein. In den Zellen der Kiemen — namentlich in denen der sogenannten Pseudobranchien (Kiemen des ersten Bogens) — kommt Karboanhydrase (s. S. 78) in besonders großer Menge vor, was vermuten läßt, daß hier die fermentative Kohlensäurespaltung besonders intensiv ist. Große Bedeutung kommt der Hautatmung zu. Beim Aal wird mehr als die Hälfte des Gaswechsels durch die Haut besorgt. Namentlich die CO_2-Abgabe erfolgt in sehr weitem Maße auf diese Weise. Manche Fische — z. B. der Schlammbeißer *(Cobitis fossilis)* und Verwandte — schlucken atmosphärische Luft durch den Mund ein, die sie durch den After wieder ausstoßen. Im Mitteldarm haben sie respiratorisches Epithel. Die Fähigkeit, atmosphärische Luft zu atmen, kommt auch den sogenannten Labyrinthfischen *(Anabas, Polyacanthus, Betta, Osphromenus* und anderen) zu. Sie haben ihren Namen nach verwickelten mit respiratorischem Epithel ausgekleideten Erweiterungen der Kiemenhöhlen, die mit eingeschnappter Luft gefüllt sind. Der Kletterfisch *(Anabas scandens)* kann in ausgekochtem Wasser leben und vermag für längere Zeit das Wasser zu verlassen. Die nervöse Regulierung der Atemmechanismen der Fische scheint ähnlich wie bei den höheren Vertebraten (s. S. 101) zu erfolgen. Die Atemfrequenz ist stark von äußeren Reizen und anderen Faktoren, z. B. dem Erregungszustand, abhängig. Bei einem 15 cm langen *Leuciscus rutilus* betrug sie pro Minute: bei + 10 bis 11° C: 100, bei + 13° C: 117, bei + 20° C: 168 und bei + 23 bis 24° C: 181. Das Sauerstoffbedürfnis der Fische ist artlich verschieden. Salmoniden, die gegen O_2-Mangel sehr empfindlich sind, beanspruchen 7 bis 8 ccm O_2 pro 1000 ccm Wasser, während sich die meisten Cypriniden mit nur 4 bis 5 ccm oder auch weniger begnügen. Fische mit Darmatmung oder sonstigen Einrichtungen zum Atmen atmosphärischer Luft können in sehr O_2-armem oder selbst O_2-losem Wasser leben (s. *Anabas*). Manche Fische (z. B. Goldfische) nehmen bei O_2-Mangel im Wasser atmosphärische Luft in die Mundhöhle auf, die, mit dem Mundhöhlenwasser gemischt, dieses O_2-reicher macht. Dem so verbesserten Wasser wird durch die Kiemen O_2 entnommen. Bei Aufenthalt in der Luft sterben die meisten Fische durch Verklebung und Vertrocknung der Kiemen. Dies erfolgt bei den einzelnen Arten sehr verschieden schnell, z. B. bei Heringen sofort, während Aale viele Stunden außerhalb des Wassers leben können. (Über die Atemfunktion der Schwimmblase s. S. 102).

Bei den Amphibien kommen mehrere Atmungsarten nebeneinander vor. Bei diesen nackthäutigen Tieren spielt die Hautatmung eine große Rolle. Bei den Anuren fließt durch die Arteria cutanea (s. S. 117) aus der Arteria pulmonalis venöses Blut zur Haut, das hier arteriell gemacht wird und zum Herzen zurückströmt. Namentlich wird CO_2 auf diesem Wege ausgeschieden. Künstlich der Lungen beraubte Frösche können viele Wochen lang leben. Es gibt Molche *(Hydromantes, Desmognathus)*, die keine Lungen haben und ihren Gaswechsel durch die Haut (und durch Kehlatmung s. S. 95) bestreiten. Bei Amphibienlarven und den Perennibranchiaten (z. B. *Proteus, Siren, Necturus*) sitzen drei Paar verästelte Kiemen an den Oberenden der ersten Kiemenbögen. Bei Urodelen- und jungen Anurenlarven sind sie als sogenannte äußere Kiemen, d. h. frei vom Kopf abstehende Anhänge, entwickelt (Abb. 36a bis 36d), während sie bei älteren Anurenlarven rückgebildet und durch innere Kiemen, die denen der Fische ähneln, ersetzt werden. Die inneren Kiemen liegen in einer durch eine Hautfalte (Operculum) gebildeten Höhle, die hinten ein (meist links gelegenes) Atemloch (Spiraculum) hat (Abb. 36 e). Die Versorgung der äußeren Kiemen mit frischem

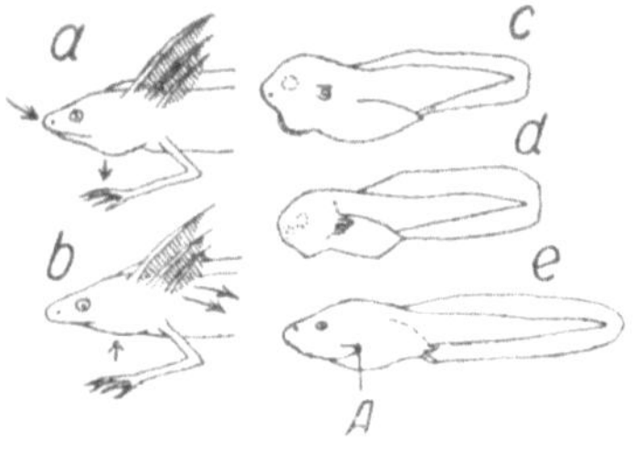

Abb. 36.
a) und b) Kopf einer Molchlarve: a) Inspiration, b) Exspiration, c) bis e) Larvenstadien von *Bufo bufo* (Kröte): c) und d) mit äußeren, e) mit inneren Kiemen. A = Atemloch.

Wasser erfolgt bei jungen Anurenlarven durch Flimmerschlag des Kiemenepithels. Bei Urodelen führen die Kiemenbäumchen außerdem von Zeit zu Zeit schlagende Bewegungen aus. Ferner saugen diese Tiere durch Senkung des Mundbodens Wasser durch die Nasenlöcher in die Mundhöhle, das durch Hebung des Mundbodens bei gleichzeitigem Verschluß von Nasenlöchern und Mund durch die hinter und unter den Kiemen gelegenen Kiemenspalten ausgetrieben wird (Abb. 36a und 36 b). Dadurch werden die Kiemen von frischem Wasser umspült. Ähnlich ist die Ventilation der inneren Kiemen bei den Anurenlarven. Hält man Urodelenlarven in sehr O_2-armem Wasser, so wird die atmende Oberfläche durch stärkere Entwicklung der Kiemen vergrößert. Bei den erwachsenen Amphibien ist neben der Haut- und Lungenatmung (s. unten) die Mundhöhlen- oder Kehlatmung wichtig. Mundhöhle und Schlund sind mit re-
und werden durch die Nasenlöcher
spiratorischem Epithel ausgekleidet
und Choanen mit Luft gefüllt. Durch schnelle Schwingungen des Mundbodens (Kehloszilliationen) bei geschlossenem Kehlkopf wird diese Luft bewegt, zum Teil durch die Nase ausgetrieben und durch neue ersetzt (Abb. 37 1, 2). Auch unter Wasser kann durch Kehloszillationen geatmet werden (z. B. von *Triturus*). Die Lungenatmung spielt bei den Lurchen eine relativ untergeordnete Rolle (s. S. 94). Die Lungen sind paarige ventrale Vorderdarmausstülpungen (wie bei allen Wirbeltieren), die im einfachsten Falle (*Proteus*) einheitliche Säcke sind und bei vielen Formen (z. B. bei

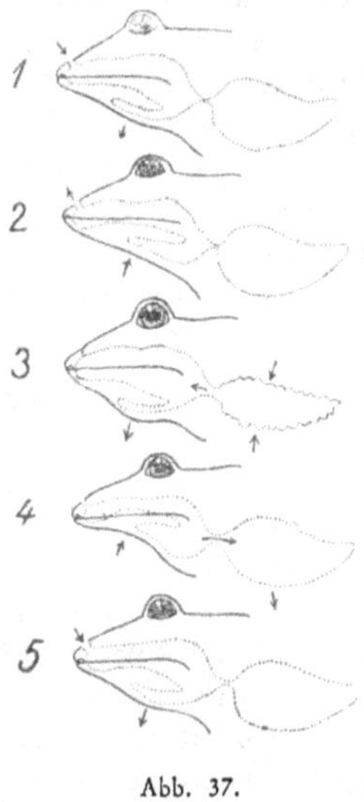

Abb. 37.
Schema der Mundhöhlen- und Lungenatmung von *Rana* (Frosch). Erklärung im Text. (Nach Herter.)

(Rana) durch Faltung der inneren Wand, die aus respiratorischen Epithel besteht, eine Art Kammerung aufweisen. Die meist als Kehlkopf ausgebildete Trachea ist sehr kurz. Bei der Lungenatmung wird bei geschlossener Nase der Kehlkopf geöffnet und die verbrauchte Luft aus den Lungen durch Eingeweidedruck in die Mundhöhle gepreßt, wo sie sich mit der durch die Kehloszillationen erneuerten Luft mischt (Abb. 37_3). Dies Gemisch wird durch Heben des Mundbodens wieder in die Lungen zurück gedrückt (Abb. 37_4). Darauf schließt sich der Kehlkopf und es setzen wieder Kehloszillationen ein (Abb.37_5). Die Frequenz der Lungenatmung ist in der Ruhe viel geringer als die der Kehloszillationen. Bei Bewegung nimmt die Lungenatmung bedeutend zu. Beim Tauchen wird aus der in den Lungen mit unter Wasser genommenen Luft geatmet (Vorratslunge). Durch eine verwickelte nervöse Regulierung der Lungendurchblutung wird dafür gesorgt, daß der O_2-Druck in den Lungen nur sehr langsam abnimmt (inkonstanter alveolärer Gasdruck, s. S. 82), was den Tieren einen langen Aufenthalt unter Wasser ermöglicht. Die Regulationsverhältnisse der Atmung bei den Amphibien sind durch die vielen Atmungsarten kompliziert. Im Prinzip ähneln sie denen der Säuger (s. S. 101).

Die Atmung der Reptilien erfolgt hauptsächlich durch Lungen; Haut- und Kehlatmung kommt vor (z. B. bei Wasserschlangen und -schildkröten), tritt aber gegen die Lungenatmung sehr zurück. Die Lungen sind ähnlich wie die der Lurche gebaut, jedoch sind ihre Oberflächen durch reichliche Faltenbildung bedeutend vergrößert. Bei den Schlangen ist nur die rechte Lunge entwickelt. Bei manchen Formen (z. B. Schlangen und Chamäleonen) haben die Lungen an ihren Hinterenden sackförmige Anhänge ohne respiratorisches Epithel, deren Funktion noch nicht ganz geklärt ist. Bei den Schlangen dienen sie wohl als Luftreservoire während des Schlingaktes. Die Lungen liegen in der Brusthöhle und sind von

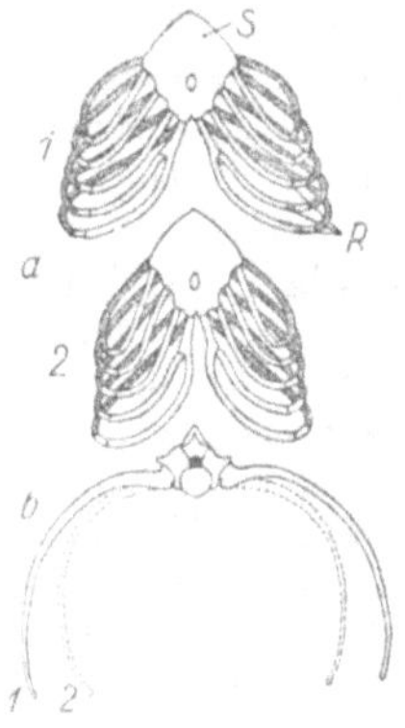

Abb. 38.
Schema der Rippenbewegungen bei Reptilien. a: Einer Eidechse. b: Einer Schlange. 1: Inspirationsstellung. 2: Exspirationsstellung. R = Rippen, S = Sternum.

der Thoraxwand durch einen luftverdünnten Raum getrennt, so daß sie deren Bewegungen mitmachen müssen. Thoraxerweiterung, durch die die Lungen gedehnt werden, so daß sie Luft durch die lange Trachea, den Kehlkopf und die kurzen Bronchien einsaugen (Inspiration), erfolgt durch Bewegung der dreiteiligen Rippen. Diese stehen so, daß ihre dorsalen Teile unter spitzem Winkel nach hinten weisen, während die ventralen von hinten an das Sternum herantreten. Bei der Einatmung werden durch Muskeltätigkeit ihre peripheren Teile nach vorn gebracht, so daß die ganzen Rippen jetzt mehr senkrecht zur Wirbelsäule stehen. Das bedingt eine Erweiterung des Thorax, namentlich in seiner seitlichen Ausdehnung (Abbildung 38). Die Verengung des Thorax (Exspiration) wird durch die Elastizität der Lungenwände und Erschlaffung der Rippenmuskeln bedingt. Die Einatmung erfolgt in einem Zuge, während der Vorgang der Exspiration meist durch kurzen Verschluß des Kehlkopfes in zwei Phasen geteilt ist. Bei Schlangen fehlt das Brustbein. Die aus einem gebogenen Knochen bestehenden Rippen werden bei der Einatmung durch Muskeln auseinandergespreizt, wodurch sich der Thorax sehr erweitert (Abb. 38 b). Manche Echsen und Wasserschildkröten atmen wie Amphibien durch Einpressen von Luft aus der Mundhöhle in die Lungen. Als einzige Wirbeltiere können Eidechsen und Schildkröten die Lungen durch Eigenmuskeln rhythmisch verengen und erweitern. Bei Schildkröten, bei denen Rippenatmung nicht möglich ist, preßt der Musculus transversus abdominis durch Druck auf die Eingeweide die Lungen zusammen (Exspiration), der M. obliquus abdominis erweitert sie (Inspiration). Bei Süßwasserschildkröten dienen Ausstülpungen der Kloakenwand zur Wasseratmung. Die nervöse Steuerung der Atmung ist grundsätzlich ähnlich wie bei den Säugern (s. S. 101).

Der Gaswechsel der V ö g e l erfolgt ausschließlich durch die Lungen. Diese werden durch eine sehr lange Trachea, die außer einem vorderen Kehlkopf (Larynx) noch einen hinteren (Syrinx) hat, der der Gesangproduktion dient, mit Luft versorgt. Die Lungen selbst sind sehr klein und bilden eine schwammartige Masse von verwickeltem Bau (Abb. 39). Von den beiden Hauptbronchien gehen dorsale und ventrale Nebenbronchien aus, die durch ein System von Luftröhren — Lungenpfeifen — miteinander verbunden sind. Die Lungenpfeifen entsenden in großer Anzahl feine Luftkapillaren in die Zwischenräume, so daß ein Gewirr feinster Lungenästchen entsteht, zwischen denen das Blut zirkuliert. Nur die Lungenpfeifen und Luftkapillaren haben respiratorisches Epithel. Die größeren Bronchien sind mit Luftsäcken ohne Atemepithel, die sich durch den ganzen Körper (zum Teil sogar in die Knochen) erstrecken, verbunden. Die Inspiration geschieht ähnlich wie bei den Reptilien, nur wird dabei das Sternum hauptsächlich nach ventral und cranial verlagert; dagegen wird die Exspiration auch durch Muskeln herbeigeführt, da die kompakten Lungen nicht elastisch sind. Bei der Inspiration füllen sich die Luftsäcke mit Luft, bei der Exspiration werden

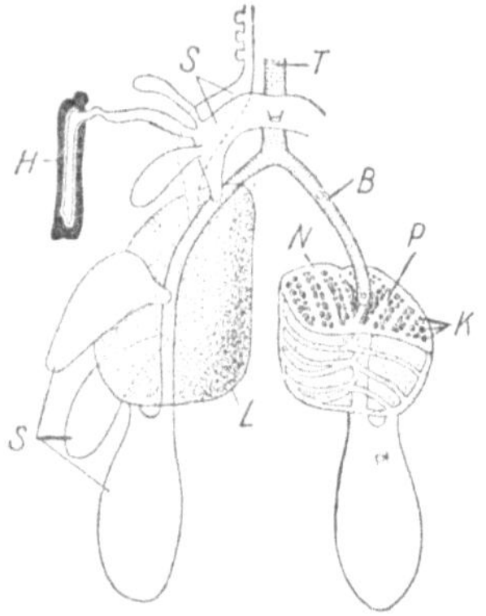

Abb. 39.
Schema der Vogellunge mit Luftsäcken (S). Die linke Lunge ist quer durchschnitten (nach K ü h n). B = Hauptbronchus, H = Humerus, K = Luftkapillaren, L = Lunge, N = Nebenbronchus, P = Lungenpfeife, T = Trachea.

sie zum Teil entleert. Dabei streicht die Luft durch die Lungenpfeifen und Kapillaren, wo ihr auf dem Hin- und Rückweg O_2 entzogen wird. Über den Mechanismus dieser Vorgänge sind die Meinungen noch geteilt. Ebenso ist der Atemmechanismus während des Fluges im einzelnen nicht genau bekannt. Die Regulation der Atmung gleicht grundsätzlich der der Säuger (s. S. 101). Die Lungen der Vögel stellen den wirkungsvollsten Atemapparat im ganzen Tierreich dar, worauf es beruht, daß viele Vögel trotz ihres lebhaften Stoffwechsels, nur eine sehr geringe Atemfrequenz haben (z. B. Kondor 6, Pelikan und Marabu 4, Kasuar 2 bis 3 Atemzüge pro Minute). Auch erlaubt ihnen diese gute Ausnutzung der Luft in sehr große Höhen aufzusteigen.

Auch bei den S ä u g e r n wird die Atmung durch die Lungen besorgt (Hautatmung ist unwesentlich). Diese gleichen in ihrem Bau denen der Reptilien, sind jedoch durch bedeutend reichere Faltenbildung in eine große Anzahl kleiner Kammern — Alveolen — geteilt, die allein respirieren. Auch die Atembewegungen verlaufen ähnlich wie bei den Kriechtieren, werden jedoch noch durch Senkung (Inspiration) und Hebung (Exspiration) des Zwerchfelles ausgiebiger gestaltet. Bei angestrengter Ausatmung treten auch noch die Bauchmuskeln in Tätigkeit (Bauchpresse) und drücken die Baucheingeweide gegen das Zwerchfell. Es wird stets nur e i n T e i l der Luft in den Lungen und Atemwegen erneuert. Danach unterscheidet man verschiedene Luftarten:

Beim Menschen etwa:

1. Respirationsluft = Atemluft: Die Luftmenge, die bei ruhigem Atmen eingesogen und ausgestoßen wird . . . . 500 ccm
2. Reserveluft = Hilfsluft: Die Luftmenge, die bei äußerster Exspiration noch ausgetrieben werden kann . . . . 1600 ccm
3. Komplementärluft = Ergänzungsluft: Die Luftmenge, die nach gewöhnlicher Inspiration noch aufgenommen werden kann . . . . . . 1600 ccm
4. Vitalkapazität: Die Summe aus 1 bis 3 . . . 3700 ccm
5. Residualluft = Restluft: Die Luftmenge, die

nach völliger Exspiration noch in den Lungen zurückbleibt . . . . 1000 bis 1250 ccm

Sie setzt sich zusammen aus:

a) Kollapsluft: Die Luftmenge, die bei Öffnung der Brusthöhle (Pneumothorax) durch Aufhören des negativen Druckes aus den Lungen entweicht.

b) Minimalluft: Die Luftmenge, die dann noch in den Lungen zurückbleibt.

6. Schädlicher Raum: Die zwischen Mund und Nase einerseits und den Alveolen andererseits die Atemwege erfüllende Luft, die nicht der Atmung dient . . . . 140 ccm

Die Luft, die wirklich gewechselt wird, steht zu der gesamten in den Lungen vorhandenen Luftmenge in einem bestimmten Verhältnis, dem Durchlüftungsverhältnis. Bei ruhigem Atmen, bei dem nur die Respirationsluft (1) gewechselt wird, besteht für den Menschen das Durchlüftungsverhältnis:

$$\frac{\text{Respirationsluft (1)}}{\text{Respirationsluft (1)} + \text{Reserveluft (2)} + \text{Residualluft (5)}}$$

$$\frac{500}{3100} = \text{etwa } \frac{1}{6}$$

Bei angestrengter Atmung wird die Vitalkapazität gewechselt, was folgendem Durchlüftungsverhältnis entspricht:

$$\frac{\text{Vitalkapazität (4)}}{\text{Vitalkapazität (4)} + \text{Residualluft (5)}} \quad \frac{3700}{4700} = \text{etwa } \frac{3}{4}.$$

Landsäuger wechseln im allgemeinen nur die Respirationsluft, ebenso die meisten Wassersäuger bei Landaufenthalt, dagegen wird bei diesen im Wasser die ganze Vitalkapazität aus der Atmosphäre erneuert. Unter Atemgröße (Minutenvolumen) wird die Luftmenge verstanden, die in einer Minute geatmet wird. Sie schwankt sehr nach Tierart, Alter, Größe, Geschlecht, Arbeitsleistung (beim Menschen auch nach dem Beruf) usw. Beim Pferde beträgt sie in der Ruhe 40 bis 50, in der Bewegung 80 bis 90 und bei einer Zugleistung von 75 mkg pro Sekunde 300 bis 450 Liter. Ähnlichen Schwankungen unterliegt die Atemfrequenz pro Minute; bei kleinen

Tieren (mit relativ großem Stoffwechsel) kann sie sehr hoch sein. Sie beträgt bei Pferden 10 bis 12, bei erwachsenen Menschen 15 bis 20, bei Kindern im ersten Lebensjahr etwa 45, bei Ratten 100 bis 150 und bei Mäusen etwa 200 Atemzüge. Inspiration und Exspiration lösen sich rhythmisch ab, und zwar verläuft die erste etwas schneller als die letzte. Nach der Exspiration tritt eine kleine Pause ein. Dieser Rhythmus wird hauptsächlich von einem Atemzentrum in der Medulla oblongata nervös reguliert. Zerstörung oder Lähmung des Zentrums bedingt sofortigen Stillstand (Asphyxie), seine Erregung Beschleunigung der Atembewegungen. Den normalen Reiz, der das Atemzentrum zu seiner regulatorischen Tätigkeit veranlaßt, liefert der CO_2-Gehalt des Blutes. Die Kohlensäure wirkt hierbei wohl nicht spezifisch, sondern durch den Aziditätsgrad des Blutes (also die Größe von P_H, s. S. 27), so daß die Atmung gewissermaßen die Aufgabe hat, die Wasserstoffionenkonzentration des Blutes konstant zu erhalten. Ist diese normal, so ist Form und Frequenz der Atmung normal (Eupnoe), ist sie zu groß, so erfolgt Beschleunigung oder Vertiefung der Atmung (Dyspnoe), und ist sie zu klein, so kann die Atmung aussetzen (Apnoe). Die Beeinflussung der Atmungsorgane vom Atemzentrum aus erfolgt auf bestimmten Nervenbahnen: beim Menschen durch den *Nervus facialis* (Bewegung der Nasenflügel). *N. laryngeus inferior* (Kehlkopf), *N. phrenicus* (Zwerchfell) und durch die Intercostalnerven (Rippenmuskeln). Die Selbststeuerung der Atmung, d. h. die reflektorische Auslösung einer Exspiration durch eine Inspiration und umgekehrt, vermittelt der Lungenvagus. Die ausgeatmete Luft ist gegenüber der eingeatmeten verändert; denn sie ist auf Körpertemperatur erwärmt, staubfrei und mit Wasserdampf gesättigt und enthält geringe Mengen von Gasen aus den Luftwegen (z. B. Ammoniak und Fäulnisstoffe). Vor allem ist ihr O_2 entzogen (beim Menschen etwa 5 %) und CO_2 hinzugefügt (beim Menschen etwa 4 %). Beim Menschen wird ihr Volumen dadurch um etwa 1 % vermindert. In bezug auf die Atmung unterscheidet man verschiedene Gasarten. Unentbehrliche (O_2), indifferente (z. B. N_2, H_2, CH_4), nicht atembare, die Verschluß der Atemwege verursachen (z. B. Cl_2, NH_3) und giftige (z. B. H_2S, N_2O und CO [s. S. 107]).

Anhang: Die Schwimmblasenfunktion der Fische

Da die Schwimmblase mancher Fische im Dienste der Atmung steht, sei sie hier anhangsweise besprochen. Sie ist eine Ausstülpung des Vorderdarms, mit dem sie bei den Physostomen durch den Ductus pneumaticus in Verbindung bleibt, während sie bei den Physoclisten ganz geschlossen ist. Manchen Fischen fehlt sie (z. B. Selachiern). Meist ist sie unpaar und liegt dorsal vom Darm. Sie kann einfach sackförmig (z. B. Salmoniden) oder in zwei bis drei Abteilungen abgeschnürt sein und besteht aus einer derben Bindegewebshülle, die innen epithelial ausgekleidet ist. Bei manchen Formen ist das Epithel sehr stark durchblutet (z. B. bei *Umbra)*. Bei den Physoclisten bilden die Gefäße an einer Stelle ein Wundernetz, das als „Gasdrüse" funktioniert, indem es aus dem Blut Gas in die Blase abscheidet. Eine andere Stelle mit besonders reichlicher Gefäßversorgung wird wegen ihrer Gestalt „Oval" genannt (Abb. 40). An ihr wird Gas aus der Blase resorbiert. Das Oval kann durch Ringmuskeln verschlossen werden, wodurch die Gasresorption verhindert wird. Bei den Dipnoern, bei denen sie zum Teil paarig ist, und bei einigen anderen Formen *(Amia. Lepidosteus)* ist die Schwimmblase durch maschige Wanderhebungen wie eine Lunge gebaut und dient zum Atmen atmosphärischer Luft. Bei den meisten

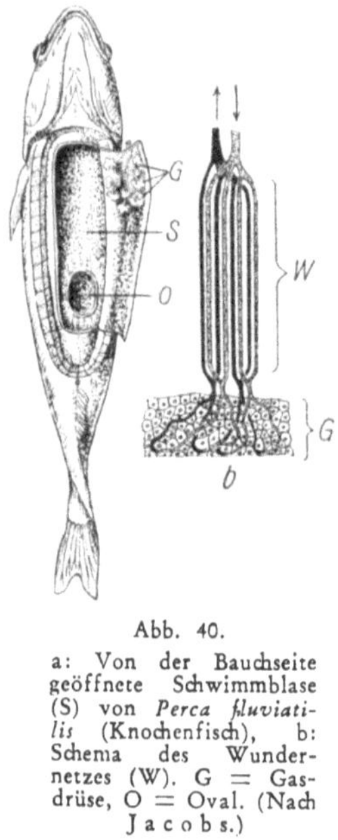

Abb. 40.
a: Von der Bauchseite geöffnete Schwimmblase (S) von *Perca fluviatilis* (Knochenfisch), b: Schema des Wundernetzes (W). G = Gasdrüse, O = Oval. (Nach Jacobs.)

Fischen ist die Schwimmblase ein S c h w e b e o r g a n, das das spezifische Gewicht des Körpers reguliert. Dieses wird vermindert, wenn die Blase sich ausdehnt, vermehrt, wenn sie zusammengedrückt wird. Bei einem bestimmten Füllungszustand der Blase ist das spezifische Gewicht so groß, daß sich der Fisch ohne besondere Muskelbewegungen in einer gewissen Wasserschicht schwebend erhält. Wenn er sich mehr der Oberfläche nähert, wird der auf ihm lastende Wasserdruck geringer, wodurch sich die Blase ausdehnt. Der Fisch wird leichter und müßte mit wachsender Geschwindigkeit an die Oberfläche gehoben werden. Beim Tauchen müßte das Umgekehrte, ein beschleunigtes Absinken, erfolgen. Diese Volumenveränderungen der Schwimmblase gleicht der Fisch durch eine entsprechende Sekretion oder Resorption von Schwimmblasengas aus. Die Physostomen vermögen außerdem durch Mund und Vorderdarm Luft in die Blase aufzunehmen oder Gas aus ihr abzugeben, so daß bei ihnen diese hydrostatische Funktion der Schwimmblase schneller vor sich geht als bei den Physoclisten. Ellritzen schlucken nach operativer Entfernung der Schwimmblase Luft in den Darm und stellen dadurch ihr hydrostatisches Gleichgewicht wieder her. Da die Höhensteuerung der Fische auch durch Labyrinthreflexe (s. Teil II) reguliert wird, besteht bei einigen Formen eine knöcherne Verbindung zwischen Schwimmblase und Labyrinth (W e b e r sche Knöchelchen), die den Spannungszustand der Blase auf das Labyrinth überträgt und durch die Luftdruckschwankungen rezipiert werden können (Barometerfunktion). Ferner kann die Schwimmblase bei der Schallrezeption mancher Fische (s. Teil II) als Resonator dienen. Einige Fische (z. B. *Therapon*) können durch besondere Muskeln Teile der Blasenwand in Schwingungen versetzen, wodurch knurrende Töne entstehen.

V STOFFTRANSPORT

a) Allgemeines

Die durch Ernährung und Atmung dem Körper zugeführten Stoffe werden im allgemeinen nicht gleich am Aufnahmeort verarbeitet oder abgelagert, sondern zu bestimmten S t e l l e n des Verbrauches oder der Speicherung verfrachtet. Die Stoffwechselprodukte werden vom Orte ihrer Entstehung, wenn sie im Körper noch gebraucht werden, zu den Verbrauchsstellen, oder, wenn es sich um Abfallstoffe handelt, zu Stellen der weiteren Umbildung oder der Ausfuhr geleitet. Es findet ein Stofftransport statt, der auf verschiedene Weise vor sich gehen kann. Bei manchen Tieren werden die Nährstoffe durch Gastrovaskularsysteme (s. S. 50) und die Atemgase durch Tracheen (s. S. 83) im Körper verteilt. Ferner vollzieht sich eine Weitergabe der Stoffe von Zelle zu Zelle oder durch Gewebslücken und Leibeshöhlenräume durch Diffusion. Da diese Transportart maßgeblich des osmotischen Druckes vor sich geht, erfolgt sie nur langsam und ist nur auf kurze Strecken möglich, wenn sie auch vielfach durch Zusammenziehung der Körper- und Organmuskeln gefördert wird. Stoffe können auch an den Resorptionsstellen von Wanderzellen amöboid aufgenommen und durch aktive Wanderung oder Verfrachtung in einem Flüssigkeitsstrom transportiert und an anderen Stellen abgegeben werden. Die schnellste und sicherste Verteilung auf größere Strecken geschieht durch Gefäßsysteme, d. h. Röhren, in denen Flüssigkeiten, die die Stoffe aufnehmen und abgeben, in bestimmter Weise bewegt werden. Die Bewegung erfolgt in der Regel durch (meist rhythmische) Kontraktionen der Gefäßwände, die oft nur an bestimmten Stellen — Herzen — stattfinden. Die Richtung des Flüssigkeitsstromes wird durch Klappen in den Gefäßen reguliert. Die Röhrensysteme können entweder völlig geschlossen sein (geschlossene Gefäßsysteme) oder mit Leibeshöhlenräumen in offener Verbindung stehen (offene Gefäßsysteme).

b) Die Transportflüssigkeiten

Unter den den Stofftransport besorgenden Flüssigkeiten unterscheidet man zwei Hauptarten: die in den Gefäßen kreisenden Säfte, das Blut, und den flüssigen Inhalt der Leibeshöhlen, die Cölomflüssigkeit oder Lymphe. Die offenen Gefäßsysteme enthalten Blut und Lymphe.

1. Das Blut

Das Blut der Wirbeltiere besteht aus einer Flüssigkeit, dem Blutplasma, in der geformte Bestandteile, die Blutzellen, suspendiert sind. Man unterscheidet drei Arten, die roten und weißen Blutkörperchen und die Blutplättchen.

Die roten Blutkörperchen oder Erythrocyten sind scheibenförmige Zellen von ovalem oder rundem (Cyclostomen und Säuger, außer Kamelen und Lamas) Umriß. Sie entstehen besonders im Knochenmark, und haben einen Kern, der bei den Säugern in den älteren Zellen schwindet. Am größten sind sie bei niederen Amphibien, am kleinsten bei den Säugern. Ihre Größe steht meist im umgekehrten Verhältnis zu ihrer Anzahl:

Tierart	Durchmesser der Erythrocyten in μ[1]	Anzahl in 1 cmm Blut in Millionen
Proteus anguinus	58,2 × 33,7	0,036
Lacerta agilis	15,9 × 9,9	1,42
Columba domestica . . .	13,7 × 6,8	2,40
Canis familiaris . .	7 bis 8	6,65
Homo sapiens ♂ . .	6,6 bis 9,2	5,00
Homo sapiens ♀ . . .	—	4,50

Der Mensch hat in seinem gesamten Blut (etwa 5000 ccm) ungefähr 25 Billionen Erythrocyten, deren Gesamtoberfläche auf 3500 qm berechnet wird (Körperfläche etwa 2 qm).

Die elastische und biegsame Hülle der roten Blutzellen ist eine semipermeable Membran (s. S. 11/12), die wahrscheinlich im wesentlichen aus Lipoiden und Proteinen (s. S. 14) besteht. Im Inneren liegt ein aus wabigem Plasma gebildetes Gerüst, das Stroma. Die Waben sind durch Wasser und den roten Blutfarbstoff, das Hämoglobin (10 bis 5 %) ausgefüllt. Das Hämoglobin (Hb) ist ein Proteid (s. S. 17), das sich aus dem Eiweißkörper Globin (96 %) und dem eisenhaltigen Farbstoff Hämatin ($C_{34}H_{30}N_4O_4FeOH$) zusammensetzt. Beim Er-

[1] $1\ \mu = \frac{1}{1000}$ mm; $1\ \mu\mu = \frac{1}{1\,000\,000}$ mm.

hitzen von Blut mit Eisessig und Kochsalz entsteht Hämin ($C_{34}H_{30}N_4O_4FeCl$), das die sog. Teichmannschen Kristalle bildet, die für den nichtspezifischen Blutnachweis wichtig sind. Die Farbstoffkomponente ist bei allen Tieren gleich, während das Globin, und somit auch das Hämoglobin, art-

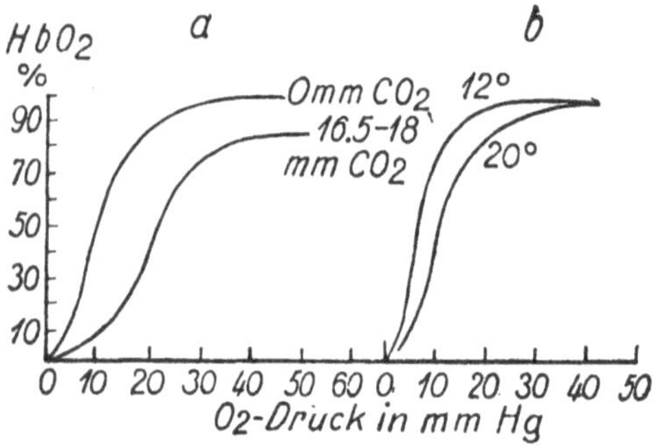

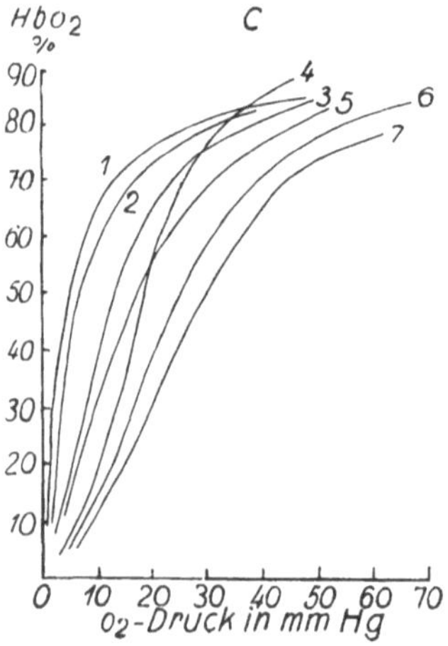

Abb. 41. Dissoziationskurven von Amphibienblut: a) *Rana temporaria* bei + 20° C bei verschiedenen CO_2-Spannungen; b) *Rana esculenta* bei + 12° und + 20° C (nach Wolvekamp und Lodewijks); c) verschiedene amerikanische Amphibien bei + 25,4° C. 1. *Desmognathus fuscus*, 2. *Triturus viridescens*, 3. *Amphiuma*, 4. *Cryptobranchus*, 5. *Ambystoma opacum*, 6. *Rana catesbeiana*, 7. *Bufo americanus* (nach Mc. Cutcheon und Hall).

lich verschieden sein kann, wie die artspezifischen Formen der Hämoglobinkristalle lehren. Das Hb dient dem Transport des Sauerstoffes von den Atmungsorganen zu den Geweben, was ihm durch die Fähigkeit, O_2 locker zu binden, ermöglicht wird. Im O_2-reichen arteriellen Blut entsteht das hellrote Oxyhämoglobin (HbO_2), dessen Spektrum durch z w e i dunkle Streifen im Gelb und Gelbgrün (bei 578 und 542 $\mu\mu$) ausgezeichnet ist. Das O_2-arme, venöse Hb (das reduzierte Hämoglobin) ist dunkelrot und hat im Spektrum e i n e n breiten Streifen im Gelbgrün, dessen Mitte bei etwa 555 $\mu\mu$ liegt. Wird Blut mit Kohlenoxyd (CO), das z. B. reichlich im Leuchtgas vorkommt, durchströmt, so bindet sich dieses an das Hb, da seine Affinität zum roten Blutfarbstoff größer (245mal) ist als die des Sauerstoffs. Dadurch wird der O_2-Transport verhindert, was Erstickung des Tieres bedeutet (Kohlengas- und Leuchtgasvergiftungen). Das Spektrum des kirschroten Kohlenoxydhämoglobins (COHb) weist z w e i Streifen im Gelbgrün auf, die jedoch gegen die des HbO_2 etwas nach der kurzwelligen Seite verschoben sind. Die Umwandlung von Hb zu HbO_2 ist reversibel ($Hb + O_2 \rightleftarrows HbO_2$) und quantitativ von der O_2-Spannung, der CO_2-Spannung, der Temperatur des Blutes und der Tierart abhängig (Abb. 41). In neuerer Zeit wurde festgestellt, daß auch die Kohlensäure eine reversible Verbindung ($HbCO_2$) mit dem roten Blutfarbstoff eingeht, was atemphysiologisch sehr wichtig ist.

Die weißen Blutkörperchen oder L e u k o c y t e n, die in weit geringerer Anzahl als die roten vorkommen (beim Menschen 1 weißes auf 300 bis 400 rote), sind Wanderzellen, die nach Art der Amöben kleine Körper fressen können. Sie werden durch die Ausscheidungsprodukte von Bakterien und anderen Krankheitserregern, die sie aufnehmen und unschädlich machen, angelockt. Sie können durch die Gefäßwände in die Gewebe und Organe einwandern und finden sich nicht nur im Blut, sondern auch in der Lymphe, im Darm, im Speichel und in großer Anzahl im Eiter. Sie vermögen bestimmte Stoffe, namentlich Abwehrstoffe (s. S. 23), zu erzeugen.

Die Blutplättchen, die Thrombocyten, sind amöboid beweglich und sehr klein (beim Menschen 2 bis 3 μ). Sie enthalten das Ferment Thrombokinase.

Im Blutplasma ist in einer Flüssigkeit, dem Blutserum, ein Eiweißkörper, das Fibrinogen (s. S. 17), und ein Proferment, das Thrombogen, enthalten. Beim Austritt von Blut aus einer Wunde entsteht aus der Thrombokinase (aus den Blutplättchen) und dem Thrombogen bei Anwesenheit von Kalksalzen das Thrombin. Dies Ferment verwandelt das flüssige Fibrinogen in das feste Fibrin, den Blutfaserstoff, der ein außerordentlich feines Gerüstwerk in der Blutmasse bildet, so daß diese fest-weich oder gallertartig wird — gerinnt — und die Wunde verschließt. Beim Stehenlassen frischen Blutes sinken die Erythrocyten zu Boden und lagern sich dort mit dem Fibrin als Klumpen, dem Blutkuchen, ab. Darüber legen sich die Leukocyten in Gestalt einer gelblichen Schicht, der Speckhaut. Das leichte Blutserum steht als Flüssigkeit darüber. Man kann frisches Blut am Gerinnen verhindern, wenn man es mit einem rauhen Stäbchen schlägt. Der Blutfaserstoff setzt sich in Form schleimiger Fäden an dem Stäbchen fest: das Blut ist nun fibrinfrei (defibriniert) und gerinnt nicht mehr. Ammoniumoxalat, das die Kalksalze ausfällt, oder Hirudin (s. S. 54) verhindert die Gerinnung. Das Wirbeltierblut setzt sich also folgendermaßen zusammen:

Frisches Blut . . .	Blutzellen	Erythrocyten
		Leukocyten
		Thrombocyten
	Blutplasma	Blutserum
		Fibrinogen
		Thrombogen

Im Blutplasma der Säugetiere findet man etwa folgende Stoffe:

Wasser . .	etwa 90,0 %	Milchsäure .	etwa 0,1 %
Eiweiß . .	etwa 8,0 %	Salze . . .	etwa 0,6 %
Traubenzucker	0,1—1,0 %	Blutzellen, Lipoide, Bakterien und ihre Toxine, Abwehrstoffe usw.	
Fette . . .	0,1—0,7 %		
Harnstoff .	etwa 0,1 %		

Das Blut der W i r b e l l o s e n besteht meist ebenfalls aus einer Flüssigkeit und festen Bestandteilen. Zuweilen kommen rote Blutkörperchen vor (z. B. bei Nemertinen, Seeigeln, Polychäten, *Phoronis,* Muscheln), jedoch sind die Blutzellen meist Leukocyten. Das Blutplasma enthält ebenfalls einen Gerinnungsstoff, Nahrungsstoffe, Salze usw. Im Blut der Seetiere entspricht der Salzgehalt ungefähr dem des Meerwassers (3 bis 3,5 %), wodurch eine Ähnlichkeit im osmotischen Druck zwischen Blut und Außenmedium erreicht wird, was biologisch sehr wichtig ist (s. S. 11/12). Bei Veränderungen des Salzgehaltes im Medium vermögen manche Seetiere den Salzgehalt ihres Blutes in gewissen Grenzen den Verhältnissen anzupassen (poikilosmotische Tiere), was für Formen, die in Gewässern mit wechselndem Salzgehalt (z. B. im Brackwasser) leben, von Bedeutung ist. Für *Carcinus maenas* ergab sich:

Salzgehalt im Medium	im Blut
3,4 %	3,00 %
1,9 %	1,99 %
1,3 %	1,65 %
0,9 %	1,56 %

Bei Land- und Süßwassertieren wird durch besondere regulatorische Einrichtungen die Salzkonzentration im Blut und dadurch der osmotische Druck konstant erhalten (homoiosmotische Tiere).

Als O_2-Überträger haben manche Wirbellose ebenfalls Hämoglobin, das jedoch meist nicht an Zellen gebunden, sondern im Plasma gelöst ist und das Blut rot färbt. Es kommt bei vielen Anneliden, manchen Mollusken *(Planorbis,* vielen Muscheln) und einigen Arthropoden *(Chironomus*-larven, *Branchipus)* vor. Weit verbreitet ist das kupferhaltige Hämocyanin (C_{867} H_{1363} N_{223} O_{258} CuS_4), das nur im Plasma gelöst auftritt. In oxydiertem Zustande ist es blau, sonst farblos. Es findet sich bei vielen Mollusken *(Helix,* Cephalopoden und vielen Muscheln), Krebsen (z. B. *Potamobius)* und Arachnoiden. Es sind noch andere Blutfarbstoffe bekannt, von denen einige sicher dem O_2-Transport dienen; so das Fe-haltige Hämerythrin der Gephyreen (oxydiert braunrot, sonst farblos), das ebenfalls Fe-haltige grüne Chlorokruorin von *Spirographis* und *Sabella,* das rötliche Echinochrom mancher Seeigel.

2. Die Lymphe

Die Lymphe, die ebenfalls Leukocyten enthält, entspricht etwa dem Blutplasma, ist jedoch eiweißreicher. Sie findet sich in den serösen Höhlen und den Gewebslücken. Zum Teil wird sie durch besondere Lymphgefäße, die Klappen und Herzen (z. B. bei den Anuren) wie die Blutgefäße haben können, abgeleitet. Die kleineren Lymphbahnen vereinigen sich zu größeren Stämmen, so bei den Säugern zum Milchbrustgang (*Ductus thoracicus* [s. S. 118]), die in das Venensystem münden. An vielen Stellen sind Lymphfollikel in die Bahnen eingeschaltet, von denen aus die Leukocyten in den Lymphstrom eintreten, und in denen Fremdkörper abgelagert werden können (beim Menschen: Achsel-, Leisten-, Bronchialdrüsen usw.).

c) *Der Stofftransport bei den verschiedenen Tiergruppen*

Bei den Protozoen werden die Nahrungsstoffe durch Zyklose (s. S. 47) in der Zelle verteilt. Die meisten Einzeller des Süßwassers haben kontraktile Vakuolen (s. Abb. 2 und 3), d. h. Blasen, die Flüssigkeit aus dem Plasma aufnehmen und rhythmisch nach außen entleeren. Dadurch wird das durch Osmose (s. S. 11/12) aus dem hypotonischen Medium — dem Süßwasser — aufgenommene überschüssige Wasser aus der Zelle entfernt. Die Spongien transportieren geformte Stoffe durch Wanderzellen (s. S. 48), und die Cölenteraten geben Lösungen von Zelle zu Zelle weiter und verteilen die Nahrung durch Bewegung in den Gastralräumen (s. S. 48). Bei den niederen Würmern wandern die Stoffe durch Gastrovaskularsysteme (s. S. 50) und diffundieren durch Gewebslücken und Leibeshöhlen. Eine Ausnahme machen die Nemertinen, die ein geschlossenes Blutgefäßsystem haben, dessen Inhalt durch Wandkontraktionen bewegt wird. Die Bewegung erfolgt in zwei seitlichen Längsgefäßen von vorn nach hinten und in einem dorsalen Mittelgefäß (das zuweilen fehlt) in umgekehrter Richtung.

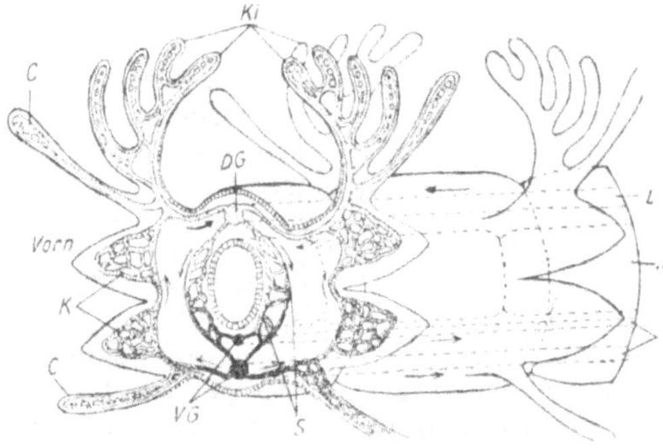

Abb. 42.
Schema des Blutkreislaufes der Anneliden. C = Cirren, D = Darm, DG = dorsales Gefäß, K = Kapillaren, Ki = Kiemen, L = Leibeswand, S = Gefäßschlinge um den Darm, VG = ventrale Gefäße. Venöses Blut: schwarz, arterielles Blut: schwach punktiert, gemischtes Blut: stark punktiert.

Die Längsgefäße sind untereinander durch quere Gefäßschlingen verbunden. Die Anneliden haben ein geschlossenes Gefäßsystem, das meist aus dorsalen und ventralen Längsstämmen und diese verbindenden, den Darm umgreifenden Querschlingen besteht. Von den Längsstämmen gehen Gefäße zu den Atmungsorganen (Kiemen oder Haut). Die Blutbewegung, die im Dorsalgefäß von hinten nach vorn, in den Ventralgefäßen von vorn nach hinten verläuft, wird oft durch erweiterte kontraktile, den Darm umgreifende Schlingen, die man „Herzen" nennt, besorgt (Abb. 42).

Die Gefäßsysteme der Mollusken sind offen. Die Herzen sind arteriell, d. h. sie führen Blut, das direkt von den Atmungsorganen kommt und zu den Körpergeweben gepumpt wird. Sie bestehen aus einer muskulösen Kammer (Ventrikel) und meist mehreren Vorkammern (Atrien), die das Blut den Atmungsorganen entnehmen. Die Herzen liegen in Cölomräumen, die durch Herzbeutel (Pericarde) abgeschlossen sind. Bei den Gastropoden hat das dorsal gelegene Herz nur eine Vorkammer. Es treibt das Blut durch ein großes, sich bald aufzweigendes Gefäß (Aorta) in Leibeshöhlenlücken, aus denen es sich, venös geworden, in Gefäßen, die zu den Atmungsorganen ziehen, sammelt (s. Abb. 27, S. 86). In den Atmungsorganen sind die Gefäße oft in Kapillaren aufgespalten. Das Herz der Muscheln besteht aus einer Kammer, die sich um den Darm herumlegt, und zwei seitlichen Vorkammern, in die das Kiemenblut fließt. Die Kammer treibt das Blut durch eine vordere und hintere Aorta in den Körper. In einem großen ventralen Sinus sammelt sich das venöse Blut, um den Kiemen wieder zuzufließen (s. Abb. 28, S. 87). Die Cephalopoden haben ein aus einer Kammer und 2 oder 4 *(Nautilus)* Vorkammern gebildetes Herz, das ein großes Gefäß (Kopfaorta) nach vorn und ein schwächeres (Eingeweidearterie) nach hinten entsendet. Diese Gefäße spalten sich vielfach zu Kapillaren auf, die in die venösen Kapillaren oder venöse Blutsinus übergehen. Das Blut sammelt sich endlich in großen Venen, die vor ihrem Eintritt in die Kiemen (Ausnahme *Nautilus)* kontraktile Anschwellungen, Kiemenherzen, haben, die das Blut in die Atmungsorgane pumpen (s. Abb. 55, S. 130).

Für die Arthropoden sind offene Gefäßsysteme typisch. Die Herzen liegen dorsal in Perikardialräumen, aus denen sie Leibesflüssigkeit durch seitliche Öffnungen — Ostien — aufnehmen und in den Körper pumpen. Einige kleine

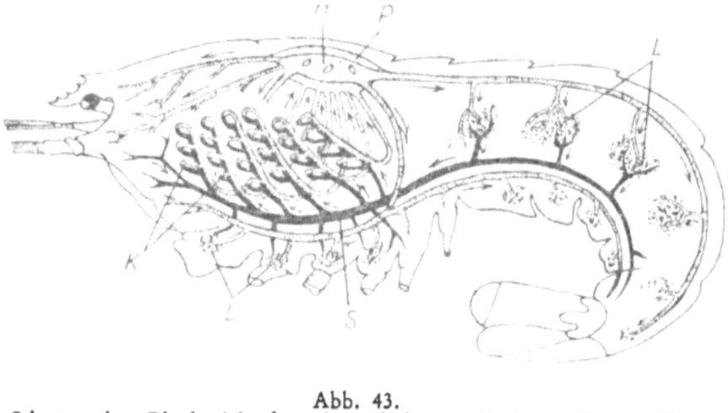

Abb. 43.
Schema des Blutkreislaufes eines höheren Krebses. H = Herz mit Ostien, K = Kiemen, L = Blutlakunen, P = Herzbeutel, S = ventraler Blutsinus. Venöses Blut: schwarz, arterielles Blut: schwach punktiert, gemischtes Blut: stark punktiert.

Formen (z. B. Copepoden) haben überhaupt kein Herz; die Säftebewegung wird durch Schwingungen des Darmes besorgt. Bei den niederen Krebsen sind die Verhältnisse zum Teil sehr einfach. So hat *Daphnia* ein sackförmiges Herz mit nur einem Ostienpaar und einer vorderen Öffnung, die die aus dem Körper kommende Flüssigkeit in die Leibeshöhle stößt und durch Gewebslücken den Kiemen zuschickt (s. Abb. 13, S. 58). Am lebenden Tier ist der Herzschlag und seine Beschleunigung durch Temperatursteigerung gut zu sehen. Bei höheren Krebsen sind die Verhältnisse verwickelter. *Potamobius* hat große und verzweigte Gefäßstämme, die Kapillaren und Blutlakunen bilden, aus denen sich das venöse Blut in einem großen Sinus an der Kiemenbasis sammelt. Von hier fließt es in die Kiemen, von denen es dem Herzbeutel zugeführt und durch drei Ostienpaare in das Herz gesaugt wird (Abb. 43). Grundsätzlich anders sind die Verhältnisse bei den Insekten. Da bei ihnen die Atmungsorgane (Tracheen, s. S. 89) direkt zu den Geweben ziehen, dient die Leibesflüssigkeit nur dem Transport von Nahrungs- und Abfallstoffen. Den Unterschied zwischen arteriell und venös gibt es also nicht. Das in einem dorsalen Perikardialraum eingeschlossene Herz liegt in Form eines langen, mit mehreren seitlichen Ostienpaaren versehenen gekammerten Rückengefäßes im Abdomen und entsendet eine vordere Aorta in den Thorax. Hinten ist es geschlossen. Der Perikardialraum ist ventral durch eine durchbrochene bindegewebige Membran, das dorsale Diaphragma, gegen den den Darm und die Geschlechtsorgane enthaltenden Peri-

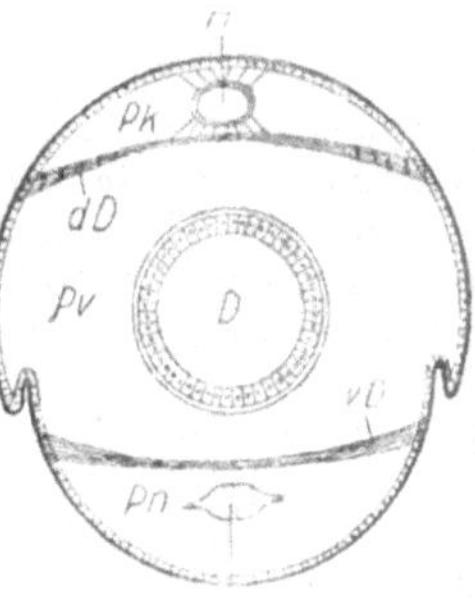

Abb. 44. Schematischer Querschnitt durch den Hinterleib eines Insekts. B = Bauchmark, D = Darm, dD = dorsales Diaphragma, H = Herz, Pk = perikardialer Raum, Pn = perineuraler Raum, Pv = perivisceraler Raum, vD = ventrales Diaphragma

visceralraum begrenzt (Abb. 44). Im Diaphragma liegen mit schmaler Basis an der Körperwand entspringende Muskeln, die sich nach der Mitte hin fächerförmig verbreitern („Flügelmuskeln“). Primitivere Formen haben ein ähnlich gebautes ventrales Diaphragma, das den Perivisceralraum von dem das Zentralnervensystem beherbergenden Perineuralraum trennt. Die Leibesflüssigkeit wird durch rhythmische Pulsationen des Herzens durch die mit Ventilklappen ausgestatteten Ostien eingesaugt und nach vorn in die Leibeshöhle gepumpt, in der sie zwischen den Organen nach hinten strömt. Durch die Saugwirkung des Herzens selbst und durch Kontraktionswellen in den Diaphragmen wird sie wieder dem Herzen zugeführt. Die Flügelmuskeln des dorsalen Diaphragmas bewirken dabei eine Erweiterung des Herzens.

Der Stofftransport bei den Echinodermen vollzieht sich in drei Hohlraumsystemen: in der Leibeshöhle, den Ambulacralgefäßen und in einem Blutgefäßsystem. Dieses besteht meist aus einem Oralring, von dem fünf radiäre Äste sowie ein den Steinkanal begleitendes Axialgefäß ausgehen. Außerdem ziehen Gefäße am Darm entlang. In allen drei Systemen kommen Blutkörperchen vor. Die Flüssigkeitsbewegung erfolgt meist durch Flimmerung. Nur bei Holothurien werden Kontraktionen der Gefäße beobachtet. Herzen fehlen.

In dem fast geschlossenen Blutgefäßsystem der Tunikaten laufen über das einfache sackförmige Herz (s. Abb. 18, S. 65) peristaltische Wellen, die periodisch ihre Richtung ändern, so daß das Blut bald zu den Kiemen, bald zu den

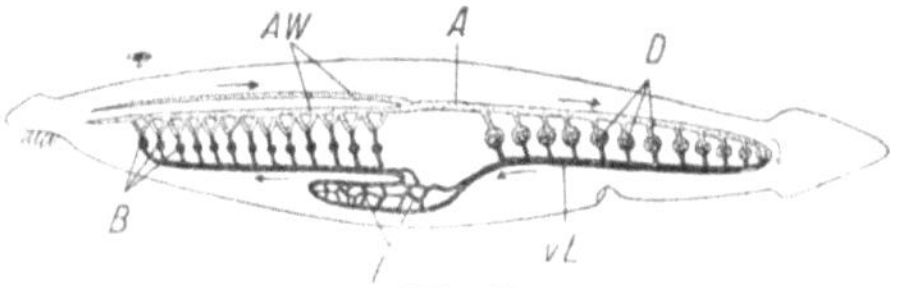

Abb. 45.
Schema des Blutkreislaufes von *Branchiostoma* (Acranier). A = Aorta descendens, AW = Aortenwurzeln, B = Bulbilli, BK = Kapillaren des Darmblindsackes, D = Darmkapillaren, vL = ventrales Längsgefäß. Venöses Blut: schwarz, arterielles Blut: punktiert. (Nach Kühn, verändert.)

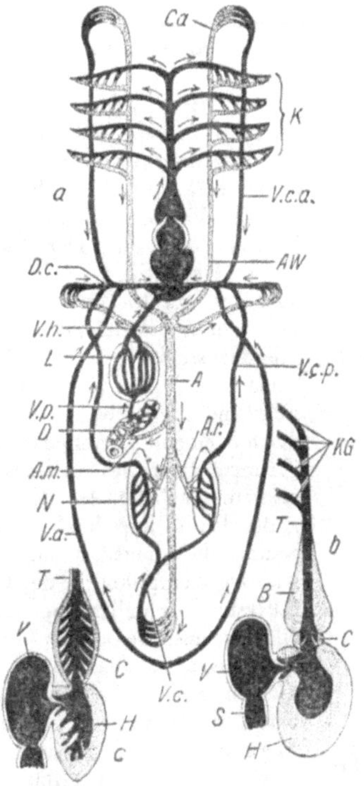

Abb. 46.

Schema des Blutkreislaufes der Fische. a: total. b: und c: Längsschnitte durch Fischherzen: b: Knochenfisch, c: Selachier. A = Aorta, A. m. = Arteria mesenterica. A. r. = Arteria renalis, AW = Aortenwurzel, B = Bulbus arteriosus, C = Conus arteriosus, Ca = Carotis, D = Darm, D. c. = Ductus cuvieri, H = Herzkammer, K = Kiemen, KG = Kiemengefäße, L = Leber, N = Niere, S = Sinus venosus, T = Truncus arteriosus, V = Vorkammer, V. a. = Vena caudalis, V. c. a. = Vena cardinalis anterior, V. c. p. = Vena cardinalis posterior, V. h. = Vena hepatica, V. p. = Vena portae. Venöses Blut: schwarz, arterielles Blut: punktiert.

Eingeweiden strömt. Auspräparierte Herzen zeigen dieselbe Erscheinung.

Bei *Branchiostoma* ist das Gefäßsystem ganz geschlossen (Abb. 45).

Das arterielle Blut strömt von den Kiemen durch kleine Kiemengefäße in zwei größere Stämme (Aortenwurzel), die sich zu der Aorta descendens vereinigen. Von ihr ausgehende Gefäße spalten sich am Darm zu Kapillaren auf. Das venöse Blut sammelt sich in einem ventralen Längsgefäß, das, nachdem es um den Darmblindsack ein Kapillarnetz gebildet hat, in die Kiemenregion zieht. Hier teilt es sich in viele kleine Zweige, die vor ihrem Eintritt in die Kiemen kontraktile Anschwellungen (Bulbilli) bilden, die das

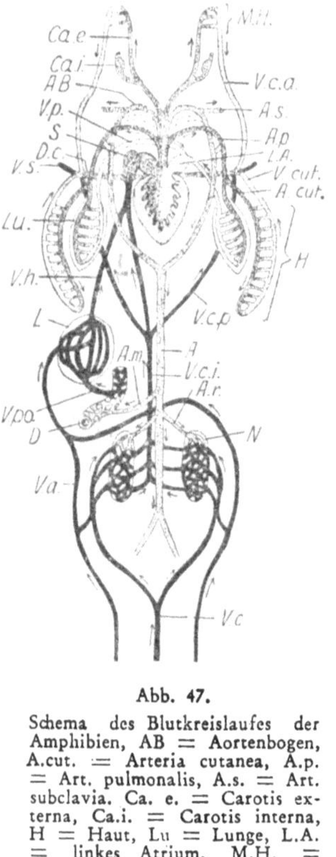

Abb. 47.

Schema des Blutkreislaufes der Amphibien, AB = Aortenbogen, A.cut. = Arteria cutanea, A.p. = Art. pulmonalis, A.s. = Art. subclavia. Ca. e. = Carotis externa, Ca.i. = Carotis interna, H = Haut, Lu = Lunge, L.A. = linkes Atrium, M.H. = Mundhöhle, V.cut. = Vena cutanea, V.c.i. = Vena cava inferior, V.p. = Vena pulmonalis, V.po. = Vena portae. Sonstige Bezeichnungen wie in Abb. 46

venöse Blut durch die Kiemen treiben. Auch andere Gefäßstrecken führen Kontraktionen aus.

Das Blutgefäßsystem der Vertebraten weist in seiner einfachsten Form, wie man es bei den Fischen findet, ähnliche Verhältnisse wie bei *Branchiostoma* auf. Der wichtigste Unterschied ist, daß statt der zahlreichen Bulbilli ein venöses Zentralherz ausgebildet ist, das aus einer Vorkammer und einer Kammer besteht und das verbrauchte Blut durch einen Arterienstamm (Truncus arteriosus) in die Kiemen pumpt (Abb. 46).

Bei den übrigen Wirbeltieren bedingt die Lungenatmung eine wichtige Komplikation des Gefäßsystems, nämlich die Ausbildung eines besonderen Lungenkreislaufes, den man auch kleinen Kreislauf **nennt**. Bei den Amphibien besteht das Herz aus einer Kammer und zwei Vorkammern (Abb. 47). Das aus den Körpervenen kommende O_2-arme Blut sammelt sich in einem großen Venensinus und fließt in die rechte Vorkammer und von hier in die Kammer. Aus der linken Vorkammer strömt in dieselbe Herzabteilung arterielles Blut, das dem Herzen durch die Pulmonarvenen aus den Lungen zugeleitet wird. Die Blutarten werden durch Fortsätze an der

Kammerwand und Klappen im Arterienstamm so gelenkt, daß die Kammer das venöse Blut durch die beiden Pulmonararterien, deren jede eine Arteria cutanea zur Haut abgibt (s. S. 94), zu den Lungen pumpt. Gemischtes Blut fließt durch die beiden Aortenbögen, die die Arteriae subclaviae in die Vorderextremitäten entsenden. Die Aortenbögen vereinigen sich weiter kaudal zu der großen Aaorta descendens, die den

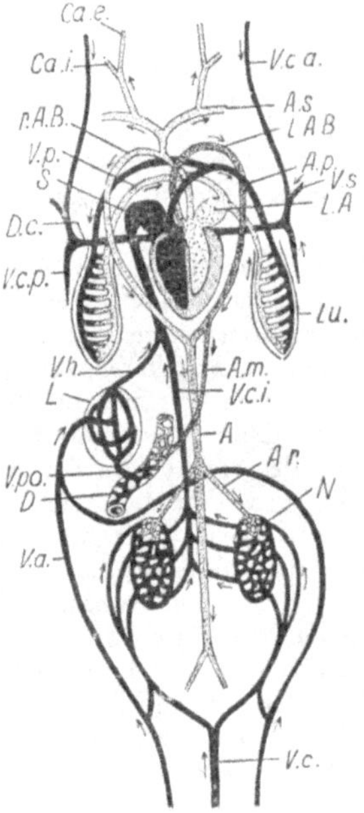

Abb. 48.
Schema des Blutkreislaufes der Reptilien. l.A.B. = linker Aortenbogen, r.A.B. = rechter Aortenbogen. Sonstige Bezeichnungen wie in Abb. 46 u. 47.

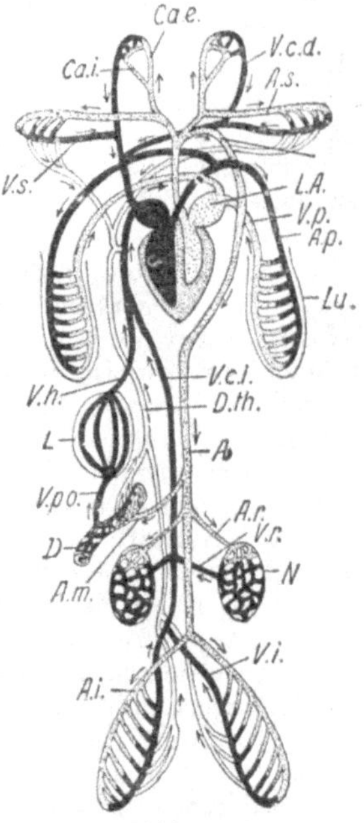

Abb. 49.
Schema des Blutkreislaufes der Säugetiere. A.i. = Arteria iliaca, D.th. = Ductus thoracicus, V.i. = Vena iliaca, V.r. = Vena renalis, V.s. = Vena subclavia, Sonstige Bezeichnungen wie in Abb. 46 bis 48.

Körper versorgt. Das arterielle Blut gelangt in die in den Kopf ziehenden Carotiden.

Bei den Reptilien ist die Herzkammer durch eine Scheidewand in eine rechte und eine linke Hälfte geteilt. Die Teilung ist jedoch unvollkommen, bewirkt aber, daß der rechte Aortenbogen, von dem die Subclavien und Carotiden abgehen, nur arterielles Blut erhält. Der linke führt gemischtes; und die Pulmonararterien leiten den Lungen fast rein venöses Blut zu (Abb. 48).

Die so angebahnte Teilung des Herzens in eine venöse rechte und eine arterielle linke Hälfte ist bei den Vögeln und Säugern streng durchgeführt. Bei ihnen fließt in der Aorta nur arterielles Blut. Ein Aortenbogen ist geschwunden, und zwar bei den Vögeln der linke, bei den Säugern der rechte (Abb. 49).

Das durch die Aorta in den Körper fließende arterielle Blut wird durch viele abzweigende Gefäße zu allen Organen und Geweben geführt, wo es in Kapillarsystemen seinen Sauerstoff abgibt. Es sammelt sich dann in venösen Kapillaren, die sich zu größeren Venen vereinigen und es zu der rechten Vorkammer zurückbringen. Besonders der Darm erhält (durch die Arteria mesenterica) reichlich arterielles Blut, das in den Kapillaren der Zotten (s. S. 77) venös wird und sich mit resorbierten Nährstoffen anreichert. Es fließt durch die Vena portae (Pfortader) zur Leber, die außerdem durch die Arteria hepatica direkt aus der Aorta arterielles Blut empfängt. In der Leber bilden die Gefäße ein äußerst feines Kapillarnetz, dem die zu speichernden Stoffe (Kohlehydrate s. S. 44/45) entnommen werden. Schädliche Substanzen werden hier entgiftet (s. S. 34). Aus der Leber fließt das so veränderte Blut durch die Vena hepatica in die großen Körpervenen (Vena cava inferior und superior).

Aus den Gewebslücken sammelt sich die Lymphe in Lymphgefäßen, die sich bei den Säugern zu dem Milchbrustgang (Ductus thoracicus) vereinigen, der in das Venensystem einmündet (Abb. 49). In ihn ergießen sich auch die Lymphbahnen des Darms, die Chylusgefäße (s. S. 77).

Das Herz der Wirbeltiere liegt in einem Herzbeutel. Die Wände der Vorkammern sind dünn, während die der Kammern aus dicken Schichten verwickelt gebauter Muskeln bestehen. Bei den zweikammerigen Herzen hat die linke arterielle Kammer eine etwa dreimal so starke Wand wie die rechte venöse, da sie die Hauptarbeit, das Auspumpen des Blutes in die Aorta, zu leisten hat. Die einzelnen Herzabteilungen können durch Klappen, die durch den Blutdruck gesteuert werden, gegeneinander abgeschlossen werden. Die Atrioventrikularklappen sind sog. Segelklappen, die durch Sehnenfäden (Chordae tendineae) und kegelförmige Muskeln (Papillarmuskeln) daran gehindert werden, umzuschlagen. An den Austrittsstellen der Aorta und der Arteria pulmonalis sitzen sog. Semilunarklappen, die Rückstauung des Blutes in das Herz verhindern (Abb. 50 a, b). Ähnliche Klappen kommen in den Venen vor. Die Tätigkeit des Herzens besteht in periodisch wechselnden Zusammenziehungen (Systolen) und Erschlaffungen (Diastolen). Beim Menschen arbeitet das Herz in drei Phasen, die zusammen eine „Herzperiode" bilden: gleichzeitige Systole der Vorkammern (etwa 0,3 Sek.), Systole der Kammern und gleichzeitige Diastole der Vorkammern (etwa 0,4 Sek.), worauf eine kurze Pause, die Herzpause (etwa 0,1 Sek.), eintritt, auf die die nächste Herzperiode folgt. Die Blutmenge, die bei einer Systole aus der linken Kammer getrieben wird, ist das Schlagvolumen (beim ruhenden Pferde etwa 750 ccm). Die Herzfrequenz pro Minute (Puls) wechselt sehr nach Körpergröße, Alter, Erregungszustand usw. Sie ist bei Wechselwarmen meist kleiner als bei Gleichwarmen, bei denen sie im allgemeinen mit steigender Körpergröße abnimmt: Schildkröte etwa 20, Elefant 25 bis 28, Hund 70 bis 120, Kaninchen 150 bis 180. Beim erwachsenen Menschen beträgt sie ungefähr 75 (♂) bis 80 (♀), beim Neugeborenen 130 bis 140. Sie schwankt individuell sehr stark. Das Herz zeigt A u t o m a t i e, d. h. es schlägt, ohne von außen erregt zu werden. Ein isoliertes Froschherz kann viele Tage schlagend erhalten werden. Der Schlagrhythmus wird vom Venensinus aus geregelt; denn schnürt man den Sinus vom Atrium durch eine Fadenschlinge ab (Ligatur von S t a n n i u s), so schlägt der Sinus in dem alten Rhythmus weiter, während

Vorkammer und Kammer stillstehen, oder die Kammer langsamer pulsiert. Das Hauptautomatiezentrum, von dem die Erregung durch spezifische Muskelfasern zu den einzelnen Herzteilen geleitet wird, liegt bei den Amphibien im Venensinus. Bei den übrigen Wirbeltieren liegen die wichtigsten Automatiezentren in verschiedenen Herzteilen. Bei den Säugern liegt eines in der Wand der rechten Vorkammer an der Mündung der Vena cava superior (Keith-Flackescher

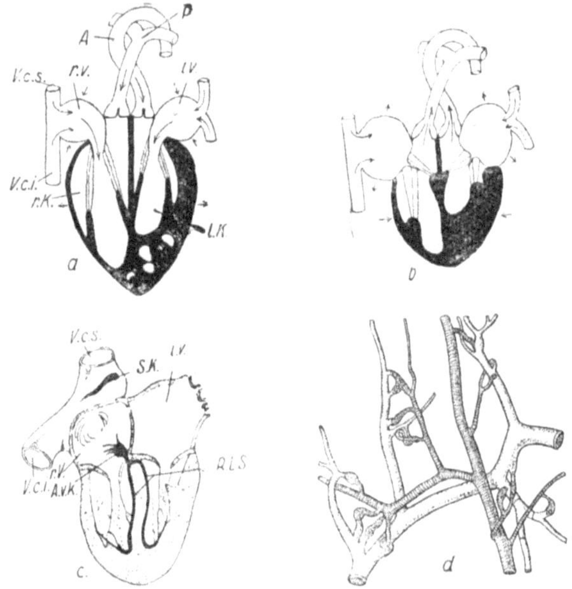

Abb. 50.
Schema der Klappenbewegungen im Säugerherzen: a) Vorkammer-Systole; b) Kammer-Systole und Vorkammer-Diastole; c) Lage der Automatiezentren und des Reizleitungssystems im menschlichen Herzen. (Nach Rein.) d: Arterio-venöse Anastomosen des Kaninchenohres. (Nach Clara aus Abderhalden.) A = Aorta, A. v. k. = Atrioventricularknoten, l. K. = linke Kammer, l. V. = linke Vorkammer, P = Arteria pulmonalis, r. K. = rechte Kammer, R.L.S = Reizleitungssystem, r. V. = rechte Vorkammer, S.K. = Sinusknoten, V.c.i. = Vena cava inferior, V.c.s. = Vena cava superior.

Sinusknoten), das andere im rechten Vorhof an der Atrioventrikulargrenze (Aschoff-Tawarascher Atrioventrikularknoten), von wo die Erregung durch das Hissche Bündel (Reizleitungssystem) in die Kammer geleitet wird (Abb. 50 c). Die automatische Herztätigkeit wird durch von außen kommende Nerven reguliert. Der Nervus vagus ist für das Herz ein Hemmungsnerv, dessen Reizung Frequenzabnahme oder gar Herzstillstand und dessen Ausschaltung Zunahme der Herztätigkeit veranlaßt. Das Hemmungszentrum liegt in der Medulla oblongata in der Nähe des Atemzentrums. Es kann durch in die Blutbahn gelangte Gifte (z. B. Digitalin) oder psychisch (z. B. Schreck) erregt werden. Andere Faktoren, wie Blutdruckerniedrigung oder manche Gifte (z. B. Atropin) lähmen es. Erregende Nerven (Nervi accelerantes), deren Zentrum ebenfalls im verlängerten Mark liegt, gehören dem Sympathicus an. Erregung und Lähmung erfolgt bei ihnen durch gegensinnig wirkende Faktoren. Jeder Reiz, der überhaupt auf das Herz wirkt, veranlaßt völlige Kontraktion; das Herz gehorcht dem „Alles-oder-Nichts-Gesetz" (s. Teil II). Während der Kontraktion ist das Herz nicht erregbar, es befindet sich in einem „refraktären Zustand".

Der Querschnitt der Gesamtheit der Kapillaren ist bedeutend größer (beim Menschen etwa 700mal) als der der großen aus dem Herzen tretenden Gefäße. Daher ist die Blutgeschwindigkeit und der Druck in den Kapillaren gering, was den hier stattfindenden Stoffaustausch begünstigt oder überhaupt erst ermöglicht. Das in den arteriellen Kapillaren den Geweben zugeströmte Blut tritt in die venösen Kapillaren über und wird dem Herzen wieder zugeführt. Wie man kürzlich feststellte, können jedoch direkte Verbindungen zwischen kleinen Arterien und den Venen durch arterio-venöse Anastomosen bestehen (Abb. 50 d). Sie haben eine besonders starke Muskulatur und können je nach Bedarf geöffnet oder abgesperrt werden.

Wie bei den meisten tätigen Organen treten am Herzen elektrische Potentialschwankungen auf, die man in Form von Elektrokardiogrammen registieren kann (s. S. 142).

Die wichtigsten Zacken der erhaltenen Kurven, die die

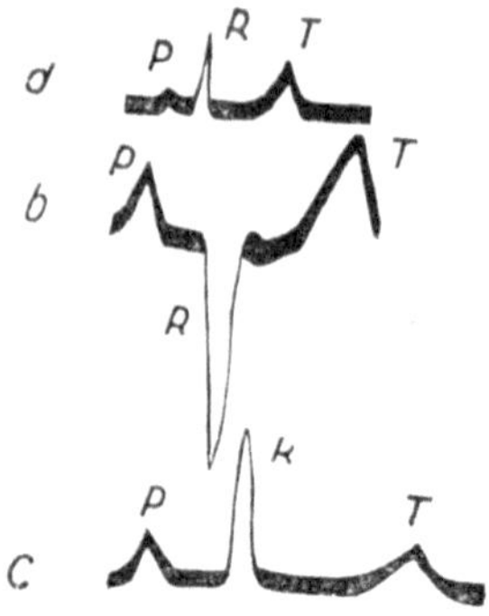

Abb. 51.
Elektrokardiogramme:
a) Schildkröte, b) Taube, c) Hund. (Nach v. Buddenbrock.)

Tätigkeit der einzelnen Herzteile zum Ausdruck bringen, bezeichnet man mit P, R und T. Die Kurven sind nicht nur artlich verschieden (Abb. 51), sondern zeigen auch Störungen der normalen Herztätigkeit an, was sie zu einem sehr wichtigen Hilfsmittel der Diagnostik macht.

d) *Innere Sekretion*

Außer der Verteilung der Atemgase, Nährstoffe und Abfallstoffe im Körper kommt den Leibesflüssigkeiten noch die Aufgabe zu, gewisse Stoffe zu transportieren, die in sehr verschiedenen Zellen entstehen können. Die wichtigsten werden in Drüsen ohne Ausfuhrgang (inkretorischen oder endokrinen Drüsen) erzeugt. Es handelt sich um komplizierte chemische Substanzen, die, durch die Blutbahnen zu den Organen und Geweben gebracht, an diesen spezifische Wirkungen ausüben. Man nennt sie Inkrete, Hormone oder Botenstoffe. Sie wirken schon in äußerst geringen Dosen und sind bei den Wirbeltieren unspezifisch, d. h. Hormone einer Art können bei einer anderen gleichsinnige Erscheinungen verursachen. Bei Wirbellosen ist noch wenig über Inkrete bekannt, jedoch weiß man, daß manche wichtige Vorgänge auch bei ihnen (Farbwechsel bei Krebsen, Häutung und Verpuppung bei Insekten) hormonal gesteuert werden. Die wichtigsten endokrinen Drüsen der Wirbeltiere sind folgende: Die Schilddrüse (Thyreoidea), die am Kehlkopf liegt und in Epithelbläschen ein „Kolloid" absondert, dessen wirksame, ins Blut abgegebene Komponente das Thyroxin (Dijodoxyphenyldijodtyrosin

JC—CH JC—CH
OHC< >C—O—C< > · C · $CH_2CH(NH_2)$ · COOH)
JC—CH JC—CH

ist. Die Hauptfunktion des jodhaltigen Thyroxins ist die Regulierung des Stoffumsatzes, der bei seinem Fehlen herabgesetzt, bei Überfunktion der Schilddrüse (B a s e d o w sche Krankheit) erhöht wird. Bei wachsenden Wirbeltieren führt Schilddrüsenverlust zu Wachstumshemmungen und psychischen Störungen (Kretinismus). Bei Amphibienlarven bewirkt Schilddrüsenfütterung beschleunigte Metamorphose. Die E p i t h e l k ö r p e r c h e n sind kleine paarige Drüsen in der Halsregion, deren operative Entfernung tödliche Krämpfe (Tetanie) verursacht. Ihr Hormon reguliert den Ca-Stoffwechsel. Die T h y m u s d r ü s e ist ein ebenfalls in der Halsgegend liegendes Organ, das in der Jugend groß ist und sich mit fortschreitendem Alter verkleinert. Es hat Beziehungen zum Wachstum und der Entwicklung der Keimdrüsen; jedoch ist seine Funktion noch nicht befriedigend geklärt. An der H y p o p h y s e oder dem Hirnanhang lassen sich drei Teile unterscheiden: Der Hinterlappen oder die Neurohypophyse (Pars posterior) ist eine ventrale Ausstülpung des Zwischenhirns, die mehrere den Stoffwechsel beeinflussende Hormone enthält. Der Vorderlappen, die Orohypophyse (Glandula pituitaria), ist ein aus dem Mundhöhlendach entstandenes Bläschen, das sich an den Trichter (Infundibulum) des Zwischenhirns anlegt. Das in ihm enthaltene „Kolloid" gibt Hormone ab, die den Grundumsatz senken (antagonistisch zur Thyreoidea) und das Wachstum fördern, so daß Überfunktion der Orohypophyse oder künstliche Zuführung von Substanz oder Extrakt des Vorderlappens Riesenwuchs (beim Menschen „Akromegalie" oder Spitzenwachstum) verursacht. Ferner bewirken die Hormone Frühentwicklung der Geschlechtsorgane und beeinflussen die Funktion anderer Drüsen (Gonaden, Schilddrüse, Nebennieren, Pankreas und Milchdrüsen). Zwischen Vorder- und Hinterlappen liegt der Zwischenlappen (Pars intermedia), dessen Hormon, das Intermedin, den Tonus der Blutkapillaren und bei Amphibien den Farbwechsel der Haut reguliert. Die an der Niere gelegenen N e b e n n i e r e n setzen sich aus zwei (bei den Fischen noch völlig getrennten) Teilen zusammen, aus der Rinde (Interrenalorgan) und dem Mark (Adrenalorgan). Die Rinde gibt in noch ungeklärter Weise auf den Stoffwechsel wirkende Faktoren (z. B. Corticosteron) ab, die lebensnotwendig sind. Im Mark wird in den sogenannten chromaffinen Zellen das auch synthetisch herstellbare Adrenalin (Methylamino-äthanol-Brenzkatechin,

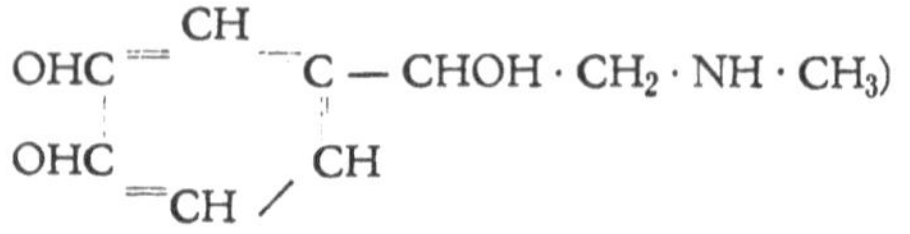

erzeugt. Es wirkt anregend auf den Sympathicus und daher Blutdruck steigernd (Kontraktion der Gefäßmuskeln, Erregung des Herzens) und antagonistisch zum Insulin, das in den Langerhansschen Inseln des Pankreas (s. S. 76) entsteht. Das Insulin ($C_{45}H_{69}O_{14}N_{11}S$), das jetzt fabrikmäßig hergestellt wird, hat die Aufgabe, den Blutzucker-Spiegel konstant zu erhalten, indem es die Glykogenablagerung in der Leber und den Muskeln reguliert. Sein Fehlen verursacht eine Überschwemmung des Blutes mit Zucker, die sogenannte Zuckerkrankheit (Diabetes). Der Zucker wird im Harn ausgeschieden (Glykosurie). Die Keimdrüsen liefern Hormone, die die Geschlechtstätigkeit regulieren und die Ausbildung der sekundären Geschlechtsmerkmale bedingen. Im Hoden entsteht das Testikelhormon oder Androsteron ($C_{19}H_{30}O_2$), das in den sogenannten interstitiellen Zellen gebildet wird. Sein Fehlen oder Kastration verhindert die Ausbildung der männlichen Geschlechtsmerkmale (Brunftschwielen der Anuren, Hahnenkamm usw.) und setzt den Stoffumsatz herab, so daß es (bei Säugern und Vögeln) zu übermäßigem Fettansatz kommt (Eunuchentyp). Reimplantation von Hoden oder Zuführung von Testikelhormon läßt die sekundären Geschlechtsmerkmale wieder erscheinen. In den Ovarien entsteht unter dem Einfluß des Prolans, eines Hormons aus dem Hypophysenvorderlappen, in den heranwachsenden Eifollikeln das Follikelhormon, Menformon oder Oestron ($C_{18}H_{22}O_2$), das die Ausbildung der sekundären Geschlechtsmerkmale bedingt und bei Säugern die Wucherung der Uterusschleimhaut in die Wege leitet. Nach dem Follikelsprung, wenn das Ei aus dem Ovar ausgetreten ist, entsteht aus dem Follikel der Gelbkörper

(Corpus luteum). In ihm wird ein zweites weibliches Geschlechtshormon gebildet, das Progesteron oder Corpus luteum-Hormon ($C_{21}H_{30}O_2$), das nun für den weiteren normalen Verlauf des Brunftzyklus sorgt. Es verursacht die drüsige Umbildung der Uterusschleimhaut und ermöglicht dadurch dem befruchteten Ei die Einpflanzung, und es bildet die Plazenta aus. Bleibt das Ei unbefruchtet, so bildet sich der Gelbkörper zurück, das Hormon wirkt nicht mehr auf die Uterusschleimhaut, deren drüsige Bildungen abgestoßen werden (Menstruation). Setzt sich das befruchtete Ei fest, so bleibt der Gelbkörper bestehen und sein Hormon regelt gemeinsam mit dem Oestron, das jetzt von der Plazenta geliefert wird, die weiteren Vorgänge der Trächtigkeit. Von besonderer praktischer Bedeutung ist, daß Geschlechtshormone bei vielen Wirbeltieren in den Harn ausgeschieden werden, aus dem sie leicht gewonnen werden können. Im Harn von Schwangeren ist der Prolangehalt sehr gesteigert. Injiziert man solchen Harn weiblichen infantilen Mäusen, so reifen in kurzer Zeit die Gonaden (Frühdiagnose der Schwangerschaft). Auf das verwickelte Zusammenwirken und die gegenseitige Beeinflussung der verschiedenen Hormone kann hier nicht weiter eingegangen werden.

VI. STOFFAUSSCHEIDUNG

a) *Allgemeines*

Im Stoffwechsel der Tiere entstehen dauernd aus der Nahrung und den Körperbestandteilen Substanzen, für die der Organismus keine Verwendung mehr hat — Exkrete oder Schlacken —, die aus dem Stoffwechsel ausgeschaltet werden. Die Ausschaltung ka n auf verschiedene Weise geschehen. Entweder durch Ausscheidung flüssiger Stoffe (Harn oder Urin) in besondere Hohlraumsysteme (Exkretionsorgane), die sie nach außen abgeb , oder durch Zellen, die die Ausscheidungsprodukte enth lten und in die Leibeshöhle auswandern (Exkretwanderzelhen), wo sie zerfallen. Ihre Reste werden durch Exkretionsorgane nach außen befördert. Die Exkretwanderzellen können auch als Ganzes den Körper durch den Darm oder die Haut verlassen. Endlich können Exkrete auch in fester Form — oft als Pigmente — im Organismus abgelagert werden (Speichernieren). Da die Exkretionsorgane dauernd Flüssigkeit aus dem Körper schaffen, regulieren sie den osmotischen Druck (s. S. 12).

b) Die Exkrete

Die abgegebenen Stoffe sind letzten Endes Abbauprodukte der Nahrungsstoffe, also der Kohlehydrate, Fette und Eiweiße. Die Kohlehydrate und Fette werden im allgemeinen vollständig zu CO_2 und H_2O verbrannt (s. S. 30). CO_2 und ein Teil des Wassers wird durch die Atmungsorgane entfernt. Außerdem wird Wasser in erheblicher Menge durch die Haut (Schweiß, s. S. 135), den Darm und Exkretionsorgane abgegeben. Vom Eiweiß werden die N-freien Teile meist in CO_2 und H_2O zerlegt, dagegen verläßt der Stickstoff den Körper zum Teil in Form von Ammóniak (NH_3) in salzartiger Bindung, was namentlich bei niederen Wirbellosen der Fall ist. Solche „ammoniotelische" Tiere sind: Protozoen, Cölenteraten, nicht parasitische Scoleciden, Anneliden, Muscheln, Cephalopoden, Krebse und Echinodermen. Bei den höheren Tieren besteht die Hauptmenge der Exkrete jedoch aus sogenannten sekundären Exkretstoffen, d. h. aus Stoffen, die aus den primären Spaltprodukten der Eiweißkörper durch fermentative Anlagerung an N-freie Körper gebildet werden (Exkretionssynthese). Hierher gehört der Harnstoff ($CO(NH_2)_2$), der bei Wirbeltieren hauptsächlich in der Leber erzeugt wird. Wahrscheinlich wird aus NH_3, CO_2 und Ornithin (α-Amino-δ-aminovaleriansäure) zunächst Arginin (α-Amino-δ-guanidino-valeriansäure) gebildet, wobei als Zwischenprodukt Citrullin (α-Amino-δ-ureido-valeriansäure) auftritt. Das Arginin wird durch das Ferment Arginase in Ornithin und Harnstoff zerlegt (Ornithin-Citrullin-Argininmechanismus). Tiere, deren Hauptexkret Harnstoff ist (Haie und manche andere Fische, Amphibien und Säuger), nennt man „ureotelisch". Ein Exkret, das in dem Ausscheidungsorgan (der Niere) selbst erzeugt wird, ist die sich besonders im Harn großer Pflanzenfresser (Pferd, Rind) findende Hippursäure.

Chemisch ist sie Benzoylglykokoll ($C_6H_5CONHCH_2COOH$), da sie aus der Aminoessigsäure ($CH_2 \cdot NH_2 \cdot COOH$), dem Glykokoll (s. S. 16), und der in der Pflanzenkost aufgenommenen Benzoësäure ($C_6H_5 \cdot COOH$) durch Wasseraustritt entsteht. In den Nieren der Säuger werden auch Stickstoffverbindungen um- und abgebaut. Hier erfolgt — außer in der Leber — die Desaminierung von Aminosäuren. Die Desaminierung, für die die Anwesenheit von Sauerstoff nötig ist, geschieht fermentativ und ist an die Zellstruktur gebunden. Die Aminosäuren werden zu Ketosäuren und Ammoniak abgebaut. Exkrete, die aus den Nukleoproteiden in den Zellkernen der Nahrung gebildet werden, sind die Purinkörper, wie Harnsäure und Guanin, die sich von dem sogenannten Purinkern ableiten:

Purinkern — Harnsäure (Trioxypurin) — Guanin (Aminooxypurin)

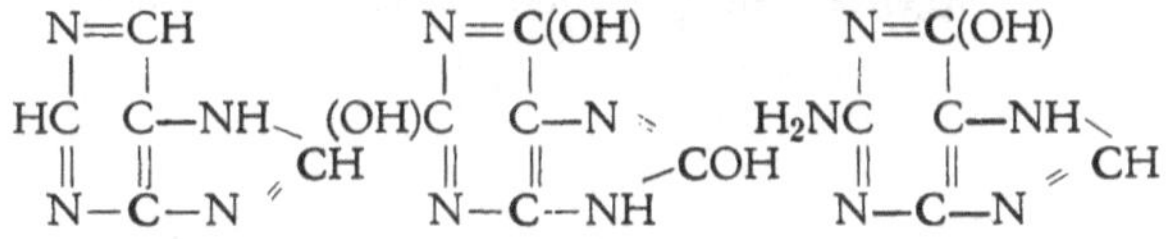

Harnsäure findet sich besonders in dem fest-weichen Harn der Vögel (Guano) und Reptilien. Beim Menschen bildet sie Blasensteine und verursacht die Gicht durch Ablagerung in den Gelenken. Außer bei Sauropsiden kommt sie als Hauptexkret bei Arthropoden und Mollusken vor („uricotelische" Tiere). Das Guanin ersetzt bei den Spinnen die Harnsäure. Bei Fischen, Amphibien und Reptilien bildet es metallisch glänzende Schichten in der Haut (Guanophoren). Im Harn kommen noch mannigfache andere Stoffe vor, von denen genannt seien: das Kreatinin, die Oxalsäure, die auf Seite 42 erwähnten heterocyclischen Verbindungen, die Harnfarbstoffe, wie das Urochrom und das aus Gallenfarbstoffen (s. S. 76) gebildete Urobilinogen, die beim Menschen die gelbe Farbe bedingen, sowie anorganische Salze (besonders Chloride und Phosphate). Je nach der Art der Nahrung kann der Harn sehr verschieden zusammengesetzt sein (s. S. 134).

c) *Verschiedene Arten der Abscheidung*

Die primitivste Art der Stoffabscheidung besteht darin, daß wässerige Lösungen der Exkrete oder auch feste Bestandteile durch die Körperoberfläche abgegeben werden (z. B. Schweiß der Säuger, s. S. 135). Bei den meisten Tieren sind jedoch besondere Exkretionsorgane (Emunktorien, Nieren) vorhanden, die die meist fertig aus den Organen in die Leibeshöhlenflüssigkeit abgeschiedenen Exkrete nach außen befördern. Man unterscheidet verschiedene Typen: Protonephridien (s. Abb. 8, S. 52): Kanälchen, die in Leibeshöhlenräumen geschlossen beginnen. Der Abschluß gegen die Leibeshöhlenräume wird durch eine Exkrete in den Kanal filtrierende Zelle gebildet, von der eine aus mehreren Geißeln zusammengesetzte „Wimperflamme" in den Kanal hineinragt. Diese erzeugt durch undulierendes Schlagen einen Flüssigkeitsstrom (Abb. 52a). Oder es stehen an dem kolbigen Ende des Kanals mehrere kugelige Zellen — Solenocyten —, die durch ein

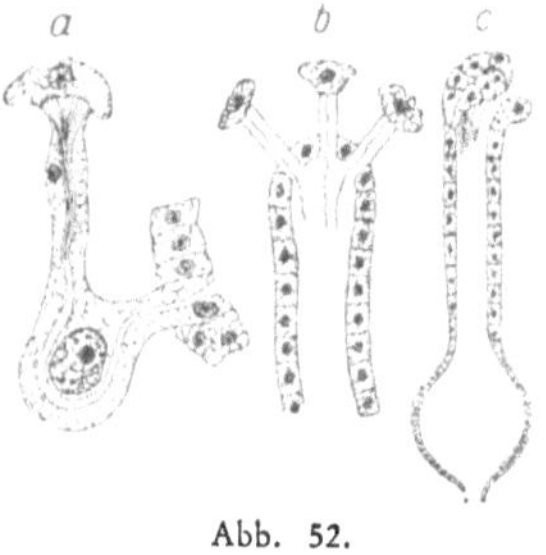

Abb. 52.
a) und b): Protonephridien mit Wimperflamme (a), mit Solenocyten (b); c): Nephridium. (Nach verschiedenen Autoren.)

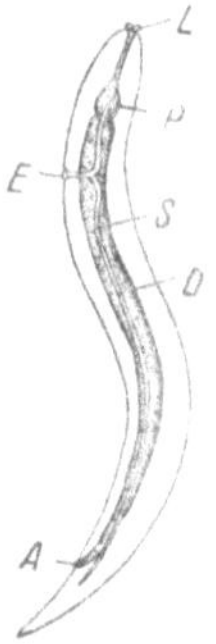

Abb. 53.
Schema des Exkretionssystems und des Darmes eines Nematoden. A = After, D = Darm, E = Exkretionsporus, L = „Lippen", P = Pharynx, S = Seitenkanal.

feines Rohr, in dem eine Geißel schwingt, mit dem Kanal verbunden sind (Abb. 52b). Nephridien (Metanephridien): Offen in den Cölomräumen beginnende, gewundene drüsige Kanäle. Die Öffnungen sind als Flimmertrichter (Nephrostome) ausgebildet (Abb. 52c). Antennen-, Maxillen-, Koxal- oder Schalendrüsen: Kanäle, die in Leibeshöhlenräumen mit drüsigen Säckchen anfangen und an den Basen von Antennen, Maxillen oder Koxen ausmünden. Manchmal liegen sie in Schalenduplikaturen. Die Nieren der Wirbeltiere, die auf Seite 133 besprochen werden. Die Cephalopodennieren: Drüsige Anhänge an den Venen, die Exkrete direkt aus dem Blut entnehmen und in nach außen mündende Säcke abscheiden (s. S. 131). Malpighische Gefäße: In den Leibeshöhlenräumen liegende drüsige Schläuche, die in den Darm einmünden (s. Abb. 16 und S. 131). Die Exkretionsorgane der Nematoden.

d) Abscheidung bei den verschiedenen Tiergruppen

Bei den Protozoen finden sich Vakuolen, die mit Kristallen gefüllt sind (s. Abb. 3, S. 47). Vielleicht sind dies Exkretkristalle, die entweder mit den Nahrungsresten abgestoßen werden oder sich lösen und durch die Oberfläche abgegeben werden. Die kontraktilen Vakuolen (s. S. 110) dienen vorzugsweise der Regulierung des osmotischen Druckes. Die Schwämme und Cölenteraten haben keine Exkretionsorgane; die Ausscheidung erfolgt durch die Körperzellen („diffuse Exkretion"). Bei den Plattwürmern liegen viele Protonephridien in den Parenchymlücken. Ihre Kanäle durchziehen meist den ganzen Körper und vereinigen sich zu (meist zwei) Längsstämmen. Die Mündung nach außen kann durch viele Poren auf der Dorsalseite (Tricladen), mit einer kontraktilen Blase am Hinterende (Trematoden) oder durch Poren am Ende gewisser Körperabschnitte (Proglottiden der Cestoden) erfolgen. Bei den Rotatorien münden zwei verästelte Protonephridialkanäle in die manchmal mit einer „Harnblase" versehene Kloake (s. Abb. 8, S. 52). Eine besondere Stellung nehmen die Nematoden ein. Man sieht die sogenannten Seitenkanäle dieser Würmer als Exkretionsorgane an. Es sind dies zwei meist nur aus einer Zelle gebildete Kanäle, die in den „Seitenlinien" verlaufen und gemeinsam in einem ventralen Porus ausmünden (Abb. 53). Parasitische Scoleciden scheiden durch Anoxybiose entstandene N-freie Stoffe (Valeriansäure und andere Fettsäuren (s. S. 52)) aus. Manche Anneliden sowie Annelidenlarven (z. B. Trochophoren) haben Potronephridien; jedoch kommen bei den meisten Formen offene Nephridien vor, die segmental angeordnet sind (Segmentalorgane). Bei manchen Ringelwürmern sind sie sekundär geschlossen (z. B. *Lumbricus*, Hirudineen). Die Nephrostome liegen in dem Segment, das

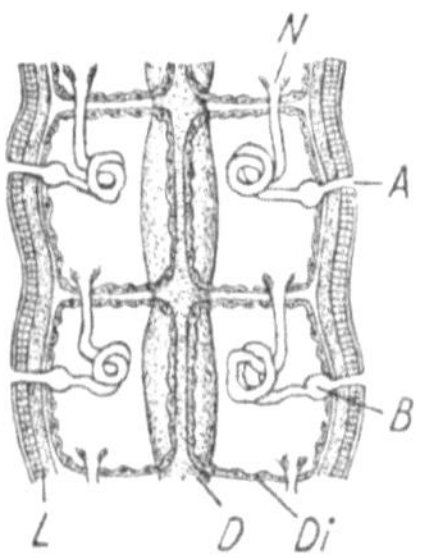

Abb. 54.
Schema des Exkretionssystems eines Anneliden (in Anlehnung an Kühn). A = Ausmündung eines Nephridiums, B = blasenartige Erweiterung, D = Darm, Di = Dissepiment, L = Leibeswand, N = Nephrostom.

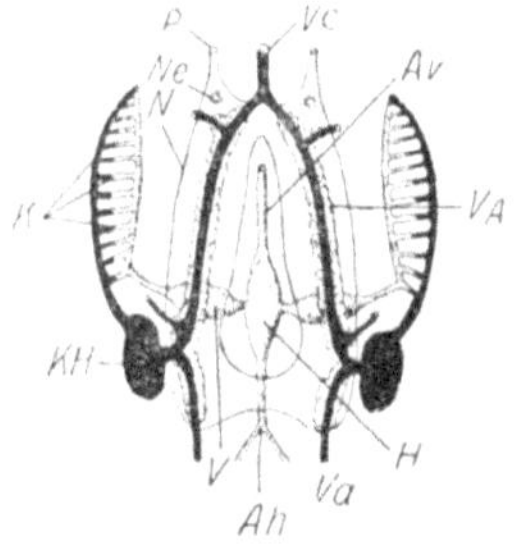

Abb. 55.
Schema von Nieren, Herz und Kiemen eines Cephalopoden. Ah = hintere Aorta (Eingeweidearterie), Av = vordere Aorta (Kopfaorta), H = Herzkammer, K = Kiemen, KH = Kiemenherz, N = Nierensack, Ne = Nephrostom, P = Nierenpapille, V = Herzvorkammer, VA = Venenanhänge, Va = Vena abdominalis, Vc = Vena cava.

dem mit der Ausmündung vorausgeht. Die Kanäle sind gewunden und oft mit blasigen Erweiterungen vor ihren Mündungen versehen (Abb. 54). Exkretionswanderzellen sind weit verbreitet. Beim Regenwurm nehmen die auf dem Darm liegenden Chloragogenzellen und bei den Hirudineen die Botryoidalzellen Exkrete aus dem Blut auf. Sie wandern damit in das Cölom, wo sie zerfallen. Die Exkrete werden durch die Nephridien entfernt oder von amöboiden Zellen der

Leibeshöhlenflüssigkeit gefressen. Diese wandern durch den Dorsalporus oder die Darmwand nach außen oder begeben sich in den Hautmuskelschlauch, wo sie die Exkrete — oft als Pigmente, die die Körperfärbung bedingen — ablagern. Die trochophoraartigen Larven der Mollusken haben Protonephridien, während bei den entwickelten Schnecken und Muscheln von offenen Nephridien abzuleitende Nieren vorkommen. Diese — auch Bojanussche Organe genannten — Gebilde beginnen mit einem Nephrostom (Nierenspritze) in einem Cölomrest, dem Herzbeutel, das in einen länglichen drüsigen Teil der Niere führt. Ein zurücklaufender glatter Teil, der oft in einen langen Kanal, den „Harnleiter" (Schnecken), ausläuft, mündet in die Mantelhöhle (s. Abb. 27 und 28, S. 86 u. 87). Bei den Muscheln ist die Niere in einem Paar, bei den Schnecken meist nur in Einzahl vorhanden. Die Pulmonaten speichern während der Winterruhe in der Niere harnsaure Salze in fester Form. Die Nieren der Cephalopoden (s. S. 129) bestehen aus einem (bei *Nautilus* aus zwei) Paar geräumiger Säcke, die durch Nephrostome mit dem Herzbeutel verbunden sind und auf Papillen in die Mantelhöhle münden. Die Wände dieser Säcke werden auf große Strecken durch Venen, an denen die drüsigen Venenanhänge sitzen, eingestülpt (Abb. 55). Bei den Arthropoden kommen verschiedene Arten von Exkretionsorganen vor. *Peripatus* hat segmentale Nephridien, die mit einem Bläschen beginnen, und ein Paar am letzten Beinpaar sich öffnende Koxaldrüsen. *Daphnia* hat ein Paar als Schalendrüsen entwickelte, an der Basis der zweiten Maxille mündende gewundene Maxillendrüsen (siehe Abb. 13, S. 58). Bei *Potamobius* dient die sogenannte „grüne Drüse", eine paarige Antennendrüse, der Exkretion (Mündung an der Basis der zweiten Antenne). Koxaldrüsen, die an den Hüften (Koxen) des ersten und manchmal außerdem des dritten Beinpaares ausmünden und im Thorax gewundene Schläuche bilden, finden sich bei Spinnen und Skorpionen. Daneben treten als Mitteldarmausstülpungen Malpighische Gefäße bei Spinnen und Milben auf, die die typischen Exkretionsorgane der Insekten bilden. Es sind lange, drüsige Schläuche, die an der Grenze zwischen Mittel- und Enddarm in den Verdauungskanal münden (siehe Abb. 16, S. 62). Oft sind sie mit kristallinischer Harn- und Oxalsäure gefüllt. Exkretspeicherung ist bei Insekten häufig; z. B. sammeln Schmetterlingsraupen Harnsäure an, die bei den Faltern als Pigment erscheint. Die Fettkörper dienen ebenfalls als Speichernieren. Durch den Mangel an spezifischen Exkretionsorganen zeichnen sich die Echinodermen aus. Flüssige Abfallstoffe werden wohl durch das Ambulacralgefäßsystem weggeschafft, während feste durch Wanderzellen in den Darm, die Wasserlungen und auf die Körperoberfläche gebracht werden. Pigmentablagerung kommt überall — besonders im Axialorgan — vor. Von den Tunikaten kennt man Speichernieren in Gestalt zelliger Säckchen,

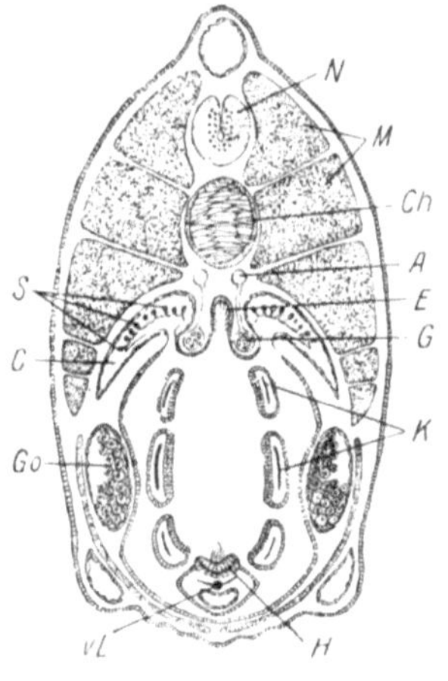

Abb. 56.
Schematischer Querschnitt durch *Branchiostoma* (Acranier). A = Aortenwurzel, C = Cölom, Ch = Chorda, E = Epibranchialrinne, G = Glomerulus, Go = Gonade, H = Hypobranchialrinne, K = Kiemenbögen, M = Muskulatur, N = Nervenrohr, S = Solenocyten, vL = ventrales Längsgefäß. (Nach Jacobs, etwas verändert.)

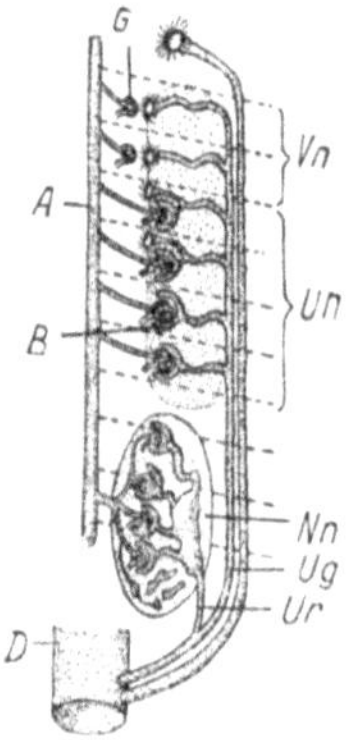

Abb. 57.
Schema der Wirbeltiernieren (nach Kühn, verändert). A = Aorta, B = Bowmansche Kapsel, D = Darm, G = Glomerulus, Nn = Nachniere, Ug = Urnierengang, Un = Urniere, Ur = Ureter, Vn = Vorniere.

die Konkremente enthalten. *Branchiostoma* (Abb. 56) hat in der Kiemenregion Kanälchen, die die Cölomräume mit dem Peribranchialraum verbinden. Sie haben an der Cölomseite eine dicht mit Solenocyten besetzte Öffnung. In ihrer Nähe liegen kleine Gefäßknäuel (Glomeruli), die mit den Aortenwurzeln in Verbindung stehen und wohl Exkrete aus dem Blut in die Leibeshöhle abgeben.

In der Wirbeltierreihe unterscheidet man drei Nierenarten (Abb. 57): Die nur embryonal funktionierende Vorniere (Pronephros) mit offenen Flimmertrichtern, denen gegenüber meist segmental von der Aorta abgezweigte Glomeruli liegen. Die bei Anamniern tätige Urniere (Mesonephros) von ähnlichem Bau, bei der jedoch die Trichter zum Teil geschlossen sind und sich in Form von doppelwandigen Einstülpungen (Bowmansche Kapseln) um die Glomeruli herumschmiegen. Und schließlich die Nachniere (Metanephros) der Sauropsiden und Säuger, die keine Flimmertrichter hat, und bei der — im Gegensatz zu den beiden anderen Nieren — die Kanälchen nicht segmental angeordnet sind. Vor- und Urnierenkanälchen münden getrennt in den Urnierengang, während die Kanälchen der Nachniere sich in das Nieren-

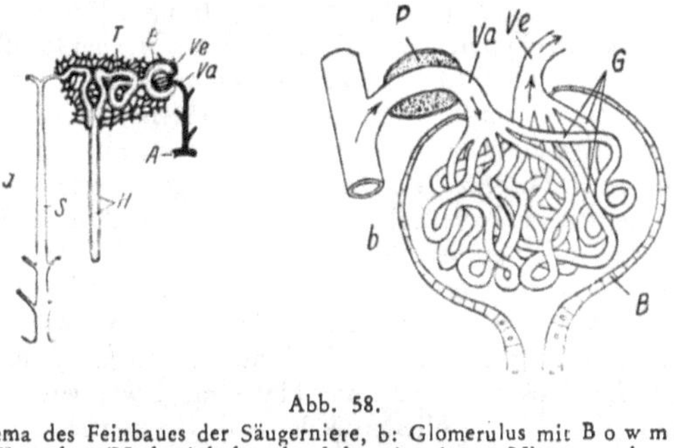

Abb. 58.

a: Schema des Feinbaues der Säugerniere, b: Glomerulus mit Bowmanscher Kapsel. (Nach Abderhalden.) A = Nierenarterie, B = Bowmansche Kapsel. G = Glomerulus, H = Henlesche Schleife, P = „Polkissen", eine Zelle, die durch Quellung das Vas afferens verschließen kann. S = Sammelröhrchen, T = Tubulus contortus, Va = Vas afferens, Ve = Vas efferens. Schwarz: Blutgefäße.

becken ergießen, aus dem der Harn durch den Ureter ausgeführt wird. Bei Anamniern und Sauropsiden münden die Nierengänge in den Enddarm (Kloake), der eine Harnblase bildet, während bei den Säugern die Harnleiter sich zur Harnblase erweitern und besonders ausmünden. Die Harnkanälchen der Säugetiere (Abb. 58) beginnen in der Rindenschicht der Niere mit den Bowmanschen Kapseln, von denen aufgewundene Gangstücke, die Tubuli contorti, abgehen, die sich in die gerade ab- und aufsteigenden Henleschen Schleifen fortsetzen. Diese vereinigen sich in geraden Sammelröhrchen, die auf Papillen in das Nierenbecken münden. Das Blut strömt aus der Aorta in die Nierenarterie, die sich im Exkretionsorgan in eine Anzahl von Bögen aufzweigt. Von diesen Bögen entspringen radiäre Gefäße, die in die Rindenschicht eindringen. Hier geben sie Kapillaren, Vasa afferentia, ab, die sich in den Höhlungen der Bowmanschen Kapseln zu den Glomeruli aufknäueln. Die aus den Glomeruli heraustretenden Gefäße, die Vasa efferentia, bilden dichte Kapillarnetze um die Tubuli contorti und die Henleschen Schleifen. In der Bowmanschen Kapsel wird dem Blut des Glomerulus Wasser und vielleicht auch ein Teil der Salze entzogen. Sulfate, Phosphate, Harnstoff, Harnsäure und andere Stoffe werden jedoch durch das Epithel der Harnkanälchen — besonders in den Tubuli contorti und den aufsteigenden Schenkeln der Henleschen Schleifen — aus dem Blut geschafft. Daß die Harnsekretion nicht nur auf einem einfachen Filtrationsvorgang beruht, sondern auch durch eine spezifische Tätigkeit der Nierenzellen bewirkt wird, geht unter anderem daraus hervor, daß die Salzkonzentration menschlichen Harns (NaCl etwa 1%) größer als die des Blutes (NaCl etwa 0,6%) ist. Der durch die Harnkanälchen aufgenommene Harn sammelt sich im Nierenbecken, von wo aus er durch rhythmische Peristaltik der Ureteren in die Blase geschafft wird. Die Füllung der Blase verursacht den Harndrang, was willkürliche Öffnung des Blasenschließmuskels und Harnentleerung zur Folge hat. Die qualitative und quantitative Beschaffenheit des Harns ist je nach Nahrung, Arbeitsleistung usw. sehr verschieden. Unter „normalen“ Bedingungen werden in 24 Stunden ausgeschieden: vom Hund etwa 200, vom Menschen 1500, vom Pferd 3000 und vom Rind 10 000 ccm. Die Reaktion des Harns ist bei Fleischfressern sauer, bei Pflanzenfressern — wegen des großen Karbonatsgehaltes — alkalisch.

e) Schweißsekretion

Die Hauptfunktion des nur bei Säugern vorkommenden Schweißes ist die Wärmeregulierung (s. S. 139), jedoch dient er auch in geringem Maße der Exkretion. Er wird in den tubulösen Schweißdrüsen aus dem Blut abgeschieden. Schweißdrüsen können auf der ganzen Körperoberfläche stehen (z. B. Pferd und Schaf) oder finden sich nur an einigen Stellen, z. B. an den Fußsohlen (Katze, Igel). Beim Menschen stehen sie an einigen Körperstellen besonders dicht (Stirn, Fußsohle, Achselhöhle). Der Schweiß enthält etwa 99% Wasser, außerdem NaCl, Harnstoff, Spuren von Harnsäure und flüchtige Fettsäuren, die seinen eigenartigen Geruch bedingen. Anregung der Schweißsekretion erfolgt von Zentren in der Medulla oblongata und im Rückenmark über den Sympathicus. Anregend wirken: Hitze, heiße Getränke, Muskelarbeit, einige Gifte, Erstickungsgefahr und psychische Affekte (Angst, Zorn).

VII. ENERGIEERZEUGUNG

Wie schon (S. 6) bemerkt, wird im lebenden Organismus Energie erzeugt, die in verschiedener Form in Erscheinung treten kann. Die wichtigsten hier in Frage kommenden Energiearten sind, außer der Bewegung, die gesondert besprochen wird (in Teil II), Wärme, Elektrizität und Licht.

a) Erzeugung von Wärme

Tierische Wärme wird durch chemische Prozesse des Stoffwechsels bei der Arbeitsleistung der Organe erzeugt. Die wichtigste Wärmequelle ist die Muskelarbeit. Schon der ruhende Muskel liefert Wärme, jedoch steigert sich dies bei der Tätigkeit ganz erheblich, da etwa nur ein Drittel der gesamten Energiemenge in mechanische Arbeit, der Rest in Wärme umgesetzt wird (s. S. 33). Außer den Skelettmuskeln sind namentlich die rhythmisch arbeitenden Muskeln — Herz- und Atemmuskeln — hieran beteiligt. Auch durch die Reibung des Blutes an den Gefäßwänden wird Wärme erzeugt; dagegen nicht bei der lockeren Bindung von O_2 und Hämoglobin. Nicht unerhebliche Wärmemengen produzieren auch die Drüsen, besonders die Leber der Vertebraten. Beim Menschen ist das Blut in der Vena hepatica 1 bis 2° C wärmer als in der Aorta. Alle Tiere erzeugen Wärme, und doch ist die Körpertemperatur nicht bei allen höher als die der Umgebung. Dies liegt an der dauernden Wärmeabgabe durch die Körperoberflächen. Bei Landtieren spielt hierbei die Wärmestrahlung eine wichtige Rolle. Sie wächst mit zunehmender Oberfläche und ist daher bei kleinen Tieren relativ größer als bei großen (s. S. 33). Wärmeableitung durch das Medium ist bei Wassertieren, da Wasser ein guter Wärmeleiter ist, von besonderer Bedeutung. Viel Wärme wird den Tieren auch durch Konvektion, d. h. durch Bewegungen im Medium (Wasserströmung und Wind), entzogen. Namentlich bei feuchthäutigen Tieren ist die Wasserverdunstung von der Oberfläche ein wichtiger Faktor der Wärmeentziehung (s. auch Schweißsekretion, S. 135). Dadurch kann sogar Abkühlung unter die Umgebungstemperatur bewirkt werden (z. B. bei Fröschen).

Bei allen Wirbellosen und den Wirbeltieren mit Ausnahme der Vögel und Säuger macht die Körpertemperatur im allgemeinen die Schwankungen der Umgebungstemperatur mit, weswegen man diese Tiere als wechselwarm oder poikilotherm bezeichnet. Dies ist für ihre ganze Lebensführung von größter Bedeutung, weil fast alle chemischen Prozesse und daher die Stoffwechselvorgänge temperaturabhängig sind (s. S. 33). Unterhalb gewisser, artlich verschiedener tiefer Temperaturen hört der Stoffwechsel fast ganz auf und die Tiere fallen in Kältestarre (Winterruhe). In der Ruhe ist die Körpertemperatur der Poikilothermen meist etwa gleich der Umgebungstemperatur und steigt und fällt mit dieser.

Für einen ruhenden Schmetterling (*Sphinx ligustri*) ergab sich:
Lufttemperatur:
+ 15 + 0,4 — 0,6 — 6,8 — 13,9 — 15,2 — 14,2 + 15,8° C
Faltertemperatur:
+ 14,6 + 0,27 ± 0,0 — 5,5 — 13,8 — 14,9 — 13,8 + 13,0° C
(nach Bachmetjew, gekürzt).

Durch Muskeltätigkeit kann die Körpertemperatur ganz erheblich gesteigert werden. Lebhafte Flügelbewegungen können bei Schmetterlingen Thoraxtemperaturen, die weit über der Umgebungstemperatur liegen, erzeugen. Viele Schmetterlinge erhöhen in kühler Umgebung durch Flügelschwirren ihre Körpertemperatur auf bestimmte hohe Werte (z. B. *Deilephila euphorbiae* auf + 34 bis + 36 ° C), bevor sie abfliegen können. Auch bei Fischen (Thunfischen) sind derartige Temperatursteigerungen durch Bewegung festgestellt worden. Besonders bei Wechselwarmen, die dicht zusammengedrängt leben und bei denen sich die erzeugten Wärmemengen summieren und die Wärmeabgabe durch gemeinsame Wohnräume sowie durch engen Zusammenschluß herabgesetzt wird, können ganz erhebliche Übertemperaturen vorkommen (z. B. bei Wachsmottenraupen). Dies gilt besonders für soziale Insekten, wie Ameisen, Wespen, Hummeln und namentlich Bienen, die durch besondere Maßnahmen (Muskelbewegungen, Öffnen und Schließen von Stocköffnungen, Ventilation durch Flügelfächeln, Verdunstenlassen von Wasser auf den Waben usw.) die Stocktemperaturen regulieren (soziale Wärmeregulation). Manche Wechselwarme (einige Insekten) können auch individuell ihre Körpertemperatur durch Transpiration und andere regulierbare Vorgänge in gewissen Grenzen von der Außentemperatur unabhängig machen. Im allgemeinen verlaufen bei den Poikilothermen bestimmte Stoffwechselprozesse bei artlich verschiedenen bestimmten Temperaturen optimal. Die Erwärmung (oder Abkühlung) des Körpers auf diese Temperatur wird meist durch thermotaktisches Aufsuchen bestimmter Temperaturgebiete (Vorzugstemperaturen) erreicht (s. Teil II).

Die Vögel und Säuger sind g l e i c h w a r m e oder h o m o i o t h e r m e Tiere, d. h. ihre Körpertemperatur bleibt innerhalb einer Grenze von wenigen Graden konstant, und zwar ist sie meist höher als die Umgebungstemperatur. Diese Differenz kann recht erheblich sein.

Die Körpertemperatur der im hohen Norden lebenden Schnee-Eule beträgt über + 40° C, während ihre Umgebungstemperatur bis zu 30 bis 40° unter den Gefrierpunkt sinken kann. Die Vögel, die sich durch einen besonders lebhaften Stoffwechsel auszeichnen, haben im allgemeinen höhere Temperaturen als die Säuger. Man nimmt als Durchschnitt + 40 bis + 43° C, für höhere Säuger + 36 bis + 40° C an. Beuteltiere und namentlich Monotreme haben niedrigere Temperaturen, die einen gewissen Wechsel mit der Umgebungstemperatur aufweisen. Bei *Echidna* wurden folgende Temperaturen gemessen:

Außentemperatur:	+ 4 bis 8	+ 10	+ 20	+ 30 bis 32	+ 35 ° C
Körpertemperatur:	+ 25,5	+ 27,3	+ 28,6	+ 30,9	+ 34,8° C

(nach M a r t i n , gekürzt).

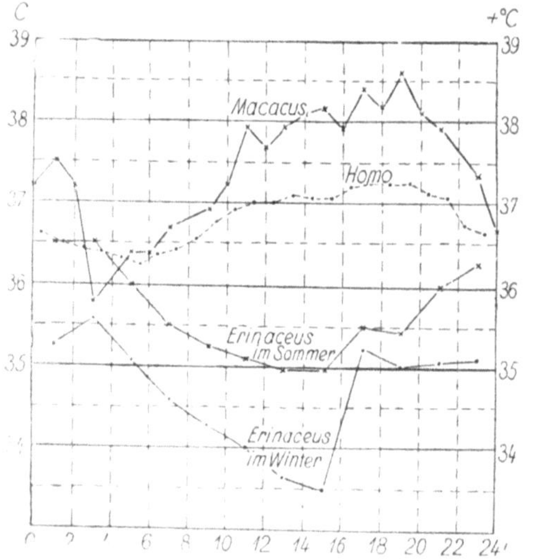

Abb. 59.

Tagestemperaturkurven für den Menschen (nach J ü r g e n s e n), den Affen *Macacus rhesus* (nach S i m p s o n und G a l b r a i t h) und den Igel *Erinaceus europaeus* (nach H e r t e r), Abzisse: Tageszeiten, Ordinate: Körpertemperaturen.

Die Körpertemperaturen der Gleichwarmen sind nie lange Zeit hintereinander ganz konstant, sondern zeigen rhythmische Schwankungen. Beim normalen Menschen hat die Temperatur morgens ein Minimum (Achselhöhle + 36,2 bis 36,6° C) und am späten Nachmittag ein Maximum (Achselhöhle + 37,2 bis 37,6° C). Bei vielen Tagtieren liegen die Verhältnisse ähnlich (Abb. 59). Diese Schwankungen verlaufen bei gleicher Lebensweise etwa im gleichen Rhythmus, lassen sich jedoch durch länger dauernde Änderungen der Umweltfaktoren verschieben. Beim Menschen verläuft die Tageskurve bei längerer Umkehrung der Lebensweise (Nachtschwestern, Nachtwächter) spiegelbildlich. Entsprechend verhalten sich Nachttiere, wie z. B. Igel (Abb. 59). Sehr abweichend sind die Verhältnisse bei den Fledermäusen, bei denen die Körpertemperatur während des Tagesschlafes schnell etwa auf die Höhe der Umgebungstemperatur absinkt. Vor dem Erwachen am Abend steigt sie rasch an, um sich während des Fluges bis auf etwa + 40° C zu erhöhen.

Die Verteilung der Wärme im Tierkörper ist keineswegs gleichmäßig. Beim Menschen beträgt die Temperatur in der Leber etwa + 40°, an der Körperoberfläche (bei mittlerer Außentemperatur) + 30° und an den Spitzen des Körpers (Nase, Ohren, Zehen usw.) + 25° C.

Die Konstanterhaltung der Körpertemperatur erfordert eine W ä r m e r e g u l i e r u n g, die sowohl in einer Veränderung der Wärmebildung als auch der Wärmeabgabe bestehen kann. Sie untersteht einem Wärmeregulationszentrum im Zwischenhirn, dessen Zerstörung („Wärmestich") die Regulationsfähigkeit vernichtet. Es wird durch die Höhe der Bluttemperatur gesteuert. Die von ihm ausgehenden Impulse verlaufen über das Halsmark, den Sympathicus und den Vagus. Gegen Abkühlung reguliert der Körper einmal durch Vermehrung der Wärmebildung, indem er durch gesteigerte Nahrungsaufnahme mehr Energie aufnimmt, und durch erhöhte Muskeltätigkeit (Umherlaufen, Zittern) Wärme erzeugt. Andererseits wird die Wärmeabgabe vermindert durch Kontraktion der Hautgefäße, Oberflächenverkleinerung durch Zusammenrollung und Einstellung der Schweißabsonderung. Außerdem können bei manchen Tieren die Isolierschichten, die den Körper und seine Organe umgeben (Haare, Federn, Fettgewebe), periodisch verstärkt werden (Winterpelz, Fettzunahme). Bei der Gefahr der Überwärmung wird die Wärmebildung durch verminderte Nahrungszufuhr und Ruhe herabgesetzt sowie die Wärmeabgabe gesteigert, indem die Hautgefäße erweitert werden und Schweiß abgesondert wird, der durch Verdunstung die Oberfläche abkühlt. Bei manchen Tieren, wie Hunden, bei denen die Schweißabsonderung nur sehr gering ist, wird durch lebhafte Atmung mit offenem Maule („Hacheln") Wärme abgegeben. Diese Mittel sind natürlich nur innerhalb gewisser Grenzen wirksam. Die Schweißverdunstung versagt in unbewegter und wassergesättigter Luft, wodurch der Körper sich auf tödliche Temperaturen (für den Menschen etwa + 42° C) erwärmen kann (Hitzschlag). Sinken der Eigenwärme unter + 20° C wirkt beim Menschen tödlich. Bei vielen neugeborenen Säugern und frisch geschlüpften Vögeln ist die Wärmeregulierung noch unvollständig, so daß die Jungtiere auf die Nestwärme und die Erwärmung durch den Mutterkörper angewiesen sind. Bei Nesthockern entwickelt sich die Regulationsfähigkeit oft recht langsam (z. B. beim Igel in etwa einem Monat), während sie bei Nestflüchtern gleich vorhanden sein kann oder sich in kurzer Zeit einstellt. Auch die Homoiothermen haben artliche Vorzugstemperaturen, die sie aufsuchen. Dies sind Temperaturgebiete, in denen sie ihre Körpertemperatur mit dem geringsten Energieaufwand auf der artlichen Höhe konstant erhalten können (s. Teil II).

Einige Säugetiere — Igel, Ziesel, Murmeltier, Sieben-, Garten-, Baumschläfer, Haselmaus und Hamster (aber nicht Dachs, Bär und Eichhorn) — halten einen W i n t e r s c h l a f , d. h. sie können in der kalten Jahreszeit ihren Stoffwechsel und ihre Körpertemperatur stark herabsetzen und lange Zeit (mehrere Monate) ohne Nahrungsaufnahme in einem schlafähnlichen Zustand verharren. In dem (vielleicht innersekretorisch bedingtem) Zustand der Winterschlafbereitschaft schalten diese Tiere unterhalb einer artlich verschiedenen Umgebungstemperatur (beim Igel + 15 bis + 17° C) ihre Wärmeregulation aus, so daß ihre Körpertemperatur — ähnlich wie bei den Poikilothermen — etwa die Höhe der Umgebungstemperatur annimmt und mit dieser wechselt. Unterhalb einer gewissen tieferen Umgebungstemperatur (beim Igel etwa + 6⁰ C) wird die Wärmeregulierung wieder eingeschaltet, und zwar entweder nur so schwach, daß sich die Körpertemperatur auf dieser Höhe hält (Abb. 60), oder völlig, so daß das Tier seine Normaltemperatur annimmt und wieder aktiv wird. Während des Winterschlafes ist der Energieverbrauch äußerst gering, der Herzschlag sehr langsam und die Atemfrequenz stark herabgesetzt (beim Igel von 40 bis 50 auf 1 bis 5 in der Minute). Bei Überführung in einen geheizten Raum (von +17 bis + 24⁰ C) erwachen die Tiere langsam (Igel in 2 bis 5 Stunden) wobei sie viel Energie verbrauchen (wohl hauptsächlich durch Glykogenverbrennung). Bei Fledermäusen sind

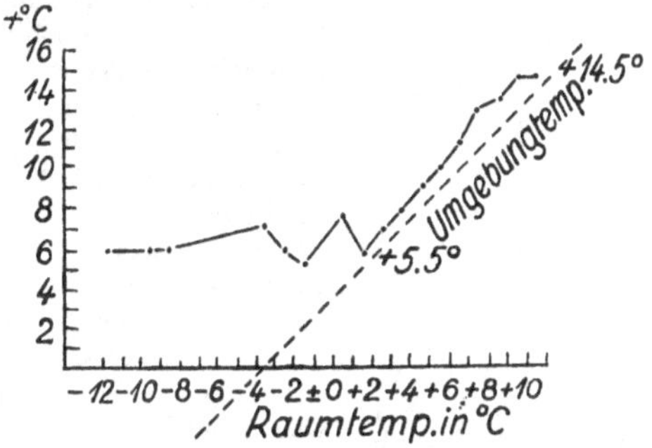

Abb. 60.
Die Beziehungen zwischen Umgebungstemperaturen (Abszisse) und Körpertemperaturen (Ordinate) bei winterschlafenden Igeln (nach Herter).

die Verhältnisse grundsätzlich anders. Sie hängen sich in geschützten Räumen (Höhlen, Kellern) auf und schalten ihre Wärmeregulation völlig aus, so daß die Temperatur des Körpers mit der der Umgebung unter den Gefrierpunkt des Blutes (— 4 bis — 5⁰ C) sinkt. In nicht genügend frostgeschützten Räumen oder in sehr strengen Wintern gehen daher viele Fledermäuse durch Erfrieren zugrunde.

b) Erzeugung von Elektrizität

Legt man an eine verletzte und an eine intakte Stelle eines ruhenden Muskels je eine „unpolarisierbare" Elektrode [1]) eines empfindlichen und schnell arbeitenden Meß-Instrumentes (Saitengalvanometer, „Oszillograph"), so erhält man Ausschläge (die photographisch registriert werden können), die anzeigen, daß von der intakten zu der verletzten Stelle ein elektrischer Strom (mit einer Spannung von größenordnungsmäßig 0,05 Volt) fließt. Die verletzte Stelle ist negativ gegenüber der intakten. Man nennt den Strom den V e r l e t z u n g s -, R u h e - o d e r D e m a r k a t i o n s s t r o m. Am unverletzten ruhenden Muskel sind keine Potentialdifferenzen feststellbar, jedoch sind auch an der intakten Muskelfaser zwischen der Oberfläche und dem Innern Spannungen vorhanden. Man vermutet, daß diese durch die Bewegung der verschieden elektrisch geladenen Ionen (s. S. 12) im Plasma bei Diffusionsvorgängen entstehen, besonders, wenn die Lösungen durch Membranen voneinander getrennt sind, die für die positiven und negativen Ionen verschieden schwer durchlässig sind („Membranpotential"). Bei einem t ä t i g e n Muskel entsteht ein Strom, indem die tätigen Teile negativ gegenüber den ruhenden werden. Durch diesen Aktionsstrom wird in einem verletzten tätigen Muskel der Demarkationsstrom vermindert, es entsteht eine „negative Schwankung", da das Potential der in-

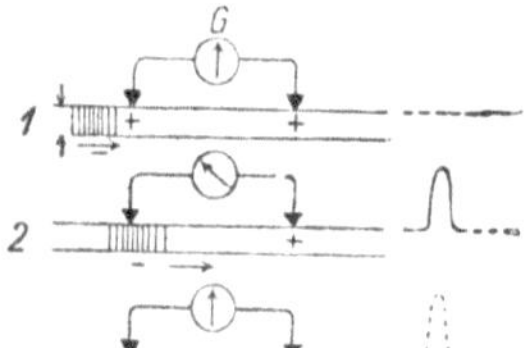

Abb. 61.
Entstehung des „diphasischen" Aktionsstromes in einer Muskelfaser. (Nach F u l t o n, aus R e i n.) G = Galvanometer, rechts: Galvanometerausschläge. Die fortschreitende Erregungswelle ist durch Strichelung dargestellt.

[1]) Z. B. Zinkstäbe in Zinksulfatlösung, die durch mit physiologischer NaCl-Lösung getränkte Tonenden mit dem Muskel in Verbindung stehen. So wird vermieden, daß zwischen Metall und Plasma (Elektrolytlösung) elektrische Spannung entsteht und daß ein „Polarisationsstrom" auftritt.

takten Stelle durch die Tätigkeit herabgesetzt wird. Da die Erregung sich in fortschreitenden Wellen über die Muskelfaser ausbreitet und die erregten Stellen gegenüber den ruhenden negativ sind, läuft eine Potentialverminderung die Faser entlang. Gelangt sie an eine der Elektroden, so erfolgt ein Galvanometerausschlag (Abb. 61 ²). Erreicht sie die andere, so schlägt das Instrument nach der entgegengesetzten Seite aus (Abb. 61 ₄). Es entsteht also ein „diphasischer Aktionsstrom". Ganz entsprechend verhalten sich andere Organe, wie Nerven, Sinnesorgane, Drüsen, Schleimhäute usw. Die bei ihnen zu beobachtenden Spannungen sind jedoch im allgemeinen noch geringer als bei den Muskeln [2]). Nur bei einigen Fischen sind besondere Organe ausgebildet, die recht erhebliche Spannungen hervorbringen können. Zu diesen „Zitterfischen" gehören der südamerikanische Zitteraal *(Electrophorus [Gymnotus] electricus)*, der afrikanische Zitterwels *(Malapterurus electricus)*, die Zitterrochen *(Torpedo)*, Rochen der Gattung *Raja*, Mormyriden und der Uranoscopide *Astroscopus*. Die elektrischen Organe sind aus quer gestreifter Muskulatur entstanden; nur bei *Malapterurus* sind sie umgewandelte Hautdrüsen. Sie bestehen im allgemeinen aus nebeneinanderliegenden Säulen sehr dünner Plättchen von

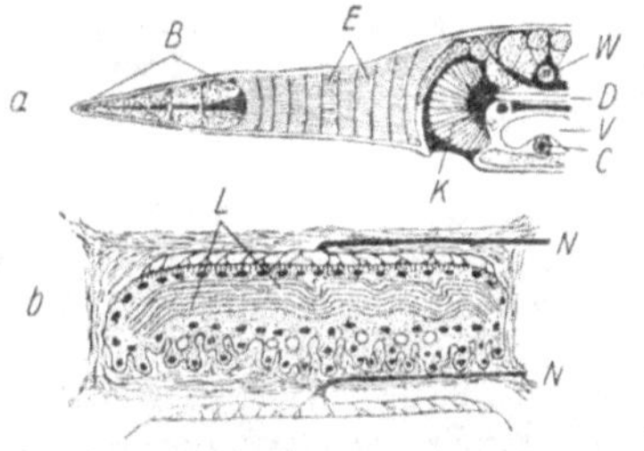

Abb. 62.
Elektrische Organe. (Nach Bütschli.) a): Querschnitt durch Torpedo. b): Schnitt durch eine elektrische Platte von Raja. B = Brustflosse, C = Conus arteriosus, D = Darm, E = elektrisches Organ, K = Kiemen, L = Lamellen, N = Nerven, V = Vorhof des Herzens, W = Wirbel.

[2]) Die Darstellung von Aktionsströmen ist methodisch von großer Bedeutung zum Nachweis des Erregungszustandes von Organen und Organsystemen (vgl. Herz, S. 122).

lamellösen Bau (Abb. 62). Jede ist von einer Bindegewebshülle umgeben, in der Blutgefäße und Nerven verlaufen. Die Säulen sind bei *Electrophorus* parallel zur Körperlängsachse angeordnet, bei *Torpedo* senkrecht und bei *Mormyrus* schräg. Die Nerven treten stets nur von einer Seite an die Plättchen heran. Diese Seite wird bei der Entladung, die unter natürlichen Bedingungen nervös ausgelöst wird, negativ. Daher ist die Stromrichtung beim Zitteraal von hinten nach vor, beim Zitterwels von vorn nach hinten und beim Zitterrochen von ventral nach dorsal. Die Stärke des Schlages und die Spannung hängt von der Anzahl der Plättchen ab. *Electrophorus* hat 20 bis 50 Säulen mit je etwa 6000 Platten (über 800 Volt), *Malapterurus* hat ungefähr 500 (etwa 50 Volt) und *Torpedo* etwa 460 (etwa 30 Volt). Die Elektrizitätsproduktion dient den Zitterfischen zur Lähmung der Beute und zur Verteidigung.

c) Erzeugung von Licht

Bei manchen oxydativen chemischen Prozessen wird Licht erzeugt; z. B. bei der Bildung von CO_2, H_2O und H_2 durch Formaldehyd (CH_2O) und Wasserstoffsuperoxyd (H_2O_2). Bei dem tierischen Leuchten, der B i o l u m i n e s z e n z, handelt es sich wahrscheinlich ebenfalls um Oxydationsprozesse, die allerdings nur sehr wenig O_2 verbrauchen. Man hat aus Leuchttieren zwei (meist artspezifische) Stoffe, das Luciferin (vielleicht ein Lipoid) und ein Ferment, die Luciferase, gewonnen, die zusammengebracht das leuchtende Oxyluciferin ergeben. Bei einigen Tunikaten, Cephalopoden und Fischen beruht das Leuchten auf einer Symbiose mit leuchtenden Bakterien. Solche Photobakterien bewirken auch die bekannten Lichterscheinungen an toten organischen Stoffen (tote Fische, Holz usw.). Die Biolumineszenz ist meistens vom Erregungszustand abhängig und wird durch Reize (namentlich mechanische, wie Schütteln) hervorgerufen oder verstärkt. Viele Tiere leuchten nur im Dunkeln, da die Strahlung durch Licht gehemmt wird. Einige (z. B. manche Fische) können ihre Lichter abblenden oder „ausschalten“, indem sie das Organ so drehen, daß kein Licht nach außen fällt, oder indem sie eine lichtundurchlässige Hautfalte vorziehen. Das ausgestrahlte Licht gehört im allgemeinen dem mittleren Spektralbereich (450 bis 700 $\mu\mu$) an und ist daher meist grünlich, kann jedoch bei manchen Formen durch vorgeschaltete Farbfilter verändert werden. Es ist ein sogenanntes „kaltes Licht“, d. h. es enthält fast keine Wärmestrahlen. Die Leuchttiere gehören zu sehr verschiedenen systematischen Gruppen.

Das Meerleuchten wird hauptsächlich durch Protozoen aus der Ordnung der Dinoflagellaten (z. B. die tropische *Pyrocystis)* und Cystoflagellaten *(Noctiluca miliaris)* hervorgerufen. Unter den Cölenteraten leuchten viele Medusen (z. B. *Pelagia noctiluca),* einige Polypen (z. B. die Seefeder *Pennatula)* und Ctenophoren *(Beroë, Cestus).* Von Würmern einige Polychäten wie *Chaetopterus* und *Acholoë.* Leuchtende Mollusken sind die Bohrmuschel *Pholas dactylus,* die Schwimmschnecke *Phyllirrhoë* und viele Cephalopoden. Unter den Krebsen strahlen mehrere Licht aus und von Insekten sind die Leuchtkäfer (z. B. *Lampyris, Photinus* und der südamerikanische Cucujo *Pyrophorus)* allgemein bekannt. Von Landtieren leuchten sonst noch einige Chilopoden (z. B. *Scolio-*

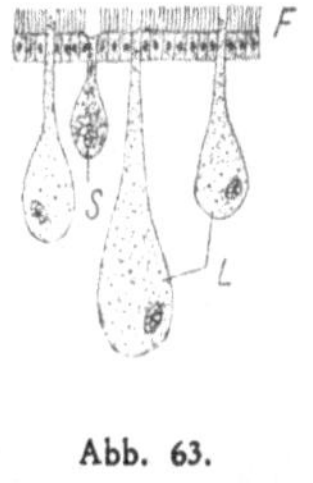

Abb. 63.
Leuchtdrüsen von *Pholas* (Muschel), F = Flimmerepithel, L = Leuchtdrüsen, S = Schleimdrüse. (Aus Steche nach Förster, verändert.)

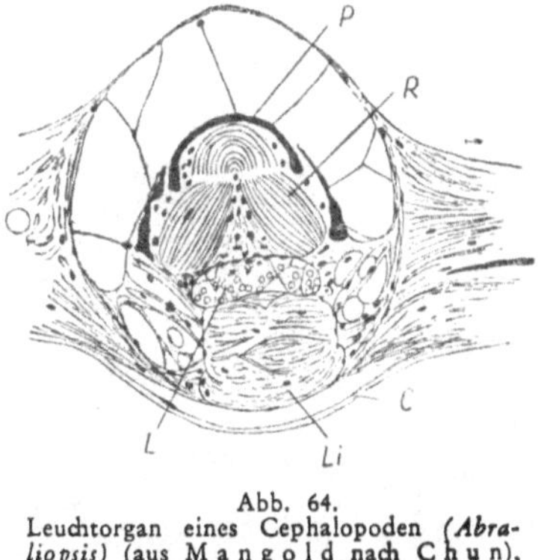

Abb. 64.
Leuchtorgan eines Cephalopoden *(Abraliopsis)* (aus Mangold nach Chun), C = Cornea, L = Leuchtzellen, Li = Linse, P = Pigment, R = Reflektor.

planes crassipes). Bei den Echinodermen (besonders Schlangensternen), Tunikaten (z. B. die Feuerwalze *Pyrosoma)* und Fischen (viele Tiefseefische) kommen leuchtende Arten vor.

Die Leuchtorgane können sehr einfach gebaut sein, z. B. aus einzelligen Drüsen, die ein Leuchtsekret abscheiden, bestehen (Abb. 63), oder sie sind mit verwickelten Einrichtungen, wie Pigmentschirmen, Linsen und Reflektoren, ausgestattet (Abb. 64). Bei den Leuchtkäfern, bei denen ein Teil des Fettkörpers zum Leuchtorgan umgewandelt ist, handelt es sich vielleicht um Bakteriensymbiose, da schon die Eier leuchten. In vielen Fällen dient das Leuchten der Auffindung des Geschlechtspartners (z. B. Leuchtkäfer); in anderen vielleicht der Anlockung von Beutetieren oder dem Schutz vor Feinden (Tiefseecephalopoden stoßen anstatt der „Tinte" Leuchtsubstanz aus). Bei niederen Formen ist es vielleicht eine ökologisch bedeutungslose Nebenwirkung gewisser Stoffwechselvorgänge.

Register

SAMMLUNG GÖSCHEN

Lieferbare und neue Bände

Jeder Band DM 2.40

A. Geisteswissenschaften

Nr. 19 **Altheim, F., Römische Geschichte.** I. Teil: **Bis zur** Schlacht bei Pydna. 1948. 123 S.

Nr. 30 **Kleffner, W., Kartenkunde.** 3. Aufl. 1950. 152 S

Nr. 42 **Behn, F., Vorgeschichte Europas.** 7. Aufl. Mit 47 Abb. 1949. 125 S.

Nr. 59 **Krahe, H., Indogermanische Sprachwissenschaft.** 2. Aufl. 1948. 134 S.

Nr. 66 **Berneker, E., u. M. Vasmer, Russische Grammatik.** 6., unveränderte Aufl. 1947. 155 S.

Nr. 70 **Nestle, W., Geschichte der griechischen Literatur.** I. Von den Anfängen bis auf Alexander d. Gr. 2., verb. Aufl. Neudruck. 1950. 144 S.

Nr. 101 **Wiese, L. v., Soziologie.** Geschichte und Hauptprobleme. 4. Aufl. 1950. 148 S.

Nr. 125 **Vossler, K., Italienische Literaturgeschichte.** Unveränderter Nachdruck der 1927 erschienenen 4., durchges. und verbesserten Aufl. 1948. 148 S.

Nr. 200 **Gottschald, M., Rechtschreibungswörterbuch.** In Vorbereitung.

Nr. 238 **Krahe, H., Germanische Sprachwissenschaft. Bd. I.** 2. Aufl. 1948. 127 S.

Nr. 270 **Kirn, P., Einführung in die Geschichtswissenschaft.** 1947. 132 S.

Nr. 279 **Jacob, K., Quellenkunde der deutschen Geschichte im Mittelalter (bis zur Mitte des 15. Jahrh.).** I: Einleitung. Allgemeiner Teil. Die Zeit der Karolinger. 5. Aufl. 1949. 118 S.

Nr. 280 ——, II: Die Kaiserzeit (918—1250). 4. Aufl. 1949. 127 S.

Nr. 500 **Simmel, G., Hauptprobleme der Philosophie.** 7., unveränderte Aufl. 1950. In Vorbereitung.

Nr. 557 **Nestle, W., Geschichte der griechischen Literatur.** II. Von Alexander d. Gr. bis zum Ausgang der Antike. 2. verbesserte Aufl. 1945. 128 S.

Nr. 564 **Behn, F., Kultur der Urzeit.** Bd. I. Steinzeit. 3. Aufl. In Vorbereitung.

Nr. 565 — —, Bd. II. Bronzezeit. 4. Aufl. In Vorbereitung.

Nr. 566 — —, Bd. III. Eisenzeit. 4. Aufl. In Vorbereitung.

Nr. 573 **Helbok, A., Die Ortsnamen im Deutschen.** Durchgesehener Neudruck. Mit 6 Karten. 1944. 126 S.

Nr. 677 **Altheim, F., Römische Geschichte.** II. Teil: Bis zur Begründung des Prinzipats. 1948. 141 S.

Nr. 770 **Beckh, H., Buddhismus** (Buddha und seine Lehre). II. Die Lehre. 3. Aufl. 1928. 135 S.

Nr. 780 **Krahe, H., Germanische Sprachwissenschaft.** Bd. II. 2. Aufl. 1948. 140 S.

Nr. 781 **Weigert, H., Stilkunde.** II. Spätmittelalter. Neuzeit. Neudruck. Mit 84 Abb. 1944. 141 S.

Nr. 807 **Kropp, G., Erkenntnistheorie.** I. Allgemeine Grundlegung. 1950. 143 S.

Nr. 929 **Schirmer, A., Deutsche Wortkunde.** 3. Aufl. 1949. 109 S.

Nr. 1000 **Jaspers, K., Die geistige Situation der Zeit** (1931). Zweiter unveränderter Abdruck der im Sommer 1932 bearbeiteten 5. Aufl. 1949. 232 S.

Nr. 1008 **Mellerowicz, K., Allgemeine Betriebswirtschaftslehre.** 1. Bd. 6., unveränderte Aufl. 1948. 134 S.

Nr. 1031 **Apel, M., Philosophisches Wörterbuch.** 3. Aufl. In Vorbereitung.

Nr. 1034 **Kranefeldt, W. M., Therapeutische Psychologie.** Analytische Psychologie (Freud, Adler, Jung). 2 Aufl. 1950. In Vorbereitung.

Nr. 1045 **Schubert, H., Die Technik des Klavierspiels.** 2. Aufl. 1946. 132 S.

Nr. 1065 **Haller, J., Von den Karolingern zu den Staufern.** Die altdeutsche Kaiserzeit (900—1250). Mit 4 Karten. 3. Aufl. 1944. 141 S.

Nr. 1085 **Lietzmann, H., Zeitrechnung der römischen Kaiserzeit, des Mittelalters und der Neuzeit für die Jahre 1—2000 n. Chr.** Neudruck. 1946. 127 S.

Nr. 1086 **Müller, G., Deutsches Dichten und Denken vom Mittelalter zur Neuzeit** (1270—1700). 2. Aufl. 1949. 159 S.

Nr. 1094 **Hernried, R., Systematische Modulation.** 2. Aufl. In Vorbereitung.

Nr. 1096 **Viëtor, K., Deutsches Dichten und Denken. Von der Aufklärung bis zum Realismus** (1700—1890). 2. Aufl. 1949. 156 S.

Nr. 1115 **Ranke, F., Altnordisches Elementarbuch.** Neudruck. 1949. 146 S.

Nr. 1116 **Meißner, P., Englische Literaturgeschichte. II.** Von der Renaissance bis zur Aufklärung. Durchgesehener Neudruck. 1944. 139 S.

Nr. 1117 **Haller, J., Der Eintritt der Germanen in die Geschichte.** Mit sechs Kartenskizzen. 2., verbess. Aufl. 1944. 119 S.

Nr. 1122 **Feist, H., Sprechen und Sprachpflege.** Mit 25 Abb. 1938. 107 S.

Nr. 1124 **Meißner, P., Englische Literaturgeschichte.** III. Romantik und Victorianismus. Durchgesehener Neudruck. 1944. 150 S.

Nr. 1125 **Lehnert, M., Altenglisches Elementarbuch.** 2., verbesserte und vermehrte Aufl. 1950. 176 S.

Nr. 1130 **Dibelius, M., Jesus.** 2. Aufl. Neudruck. 1949. 141 S.

Nr. 1135 **Lehnert, M., Beowulf.** 2., verbesserte Aufl. 1949. 135 S.

Nr. 1136 **Meißner, P., Englische Literaturgeschichte.** IV. Das 20. Jahrhundert. Durchgesehener Neudruck. 1944. 157 S.

Nr. 1148 **Pepping, E., Der Polyphone Satz. I. Der cantus-firmus Satz.** 2. Aufl. 1950 224 S.

Nr. 1149 **Wiesner, J., Vor- und Frühzeit der Mittelmeerländer.** I. Das östliche Mittelmeer. Mit einer Textabb. und 7 Tafeln. 1943. 177 S.

Nr. 1150 ——, II. Das westliche Mittelmeer. Mit 3 Textabb. und 7 Tafeln. 1943. 129 S.

Nr. 1153 **Mellerowicz, K., Allgemeine Betriebswirtschaftslehre.** 2. Bd. 6. unveränderte Aufl. 1948. 123 S.

Nr. 1154 ——, 3. Bd. 6. unveränderte Aufl. 1948. 153 S.

B. Naturwissenschaften und Technik

Nr. 3 **Ende, E. vom, Die Maschinenelemente.** 2., verbesserte Aufl. Mit 175 Fig. und 12 Tafeln. 1950. In Vorbereitung.

Nr. 29 **Brauns, R., u. K. F. Chudoba, Mineralogie.** 8., neubearbeitete Aufl. Mit 125 Textfiguren und 9 Abb. auf einer Tafel. 1943. 143 S.

Nr. 37 **Klemm, W., Anorganische Chemie.** 6. Aufl. Mit 18 Abb. 1944. 184 S.

Nr. 38 **Schlenk, W., Organische Chemie.** 5. Aufl. Mit 17 Fig. 1949. 239 S.

Nr. 47 **Fischer, P. B., Arithmetik.** 2. Aufl. 1948. 152 S.

Nr. 51 **Ringleb, F., Mathematische Formelsammlung.** 5., verbesserte Aufl. Mit 57 Fig. 1949. 274 S.

Nr. 71 **Schulze, W., Allgemeine und physikalische Chemie.** I. Teil. 3., durchgesehene Aufl. Mit 22 Fig. 1949. 146 S.

Nr. 87 **Witting, A., Differentialrechnung.** 3., neubearb. Aufl. Mit 95 Fig. und 200 Beispielen. Durchgesehener Neudruck. 1949. 201 S.

Nr. 88 **—, Integralrechnung.** 2., verbesserte Aufl. Durchgesehener Neudruck. Mit 62 Fig. und 190 Beispielen. 1949. 176 S.

Nr. 136 **Mahler, G., Physikalische Formelsammlung.** 8., verbess. Aufl. 1950. 153 S. In Vorbereitung.

Nr. 142 **Haussner, R., Darstellende Geometrie.** 1. Teil: Elemente, Ebenflächige Gebilde. 6., unveränderte Aufl. Mit 110 Fig. im Text. 1947. 207 S.

Nr. 143 — —, 2. Teil: Perspektive ebener Gebilde, Kegelschnitte. 5., unveränderte Aufl. Mit 88 Fig. im Text. 1947. 168 S.

Nr. 146 **Witting, A., Repetitorium und Aufgabensammlung zur Differentialrechnung.** 2. Aufl. Neudruck. 1949. 122 S.

Nr. 147 **—, Repetitorium und Aufgabensammlung zur Integralrechnung.** 2. Aufl. Neudruck. 1949. 121 S.

Nr. 173 **Bruhns, W., u. P. Ramdohr, Petrographie.** 3., durchgesehene Aufl. Mit 10 Figuren. 1949. 117 S.

Nr. 180 **Böhm, F., Versicherungsmathematik.** I. Elemente der Versicherungsrechnung. 2., vermehrte und verbesserte Aufl. Durchgesehener Neudruck. 1946. 151 S.

Nr. 210 **Bruhns, W., u. P. Ramdohr, Kristallographie.** 4. Aufl. In Vorbereitung.

Nr. 221 **Jander, G., u. K. F. Jahr, Maßanalyse.** Theorie und Praxis der klassischen und der elektrochemischen Titrierverfahren. Bd. I. 5. Aufl. Mit 18 Fig. 1948. 140 S.

Nr. 222 **Hassak-Beutel, Warenkunde.** 7. Aufl. Neubearb. von A. Kutzelnigg. Bd. I: Anorganische Waren sowie Kohle und Erdöl. Mit 19 Fig. 1947. 116 S.

Nr. 223 — —, Bd. II: Organische Waren. Mit 32 Fig. 1949. 143 S.

Nr. 247 **Hoppe, J., Analytische Chemie I. Reaktionen.** 5., verb. Aufl. 1950. 135 S.

Nr. 248 — —, **II. Gang der qualitativen Analyse.** 5., verbess. Aufl. 1950. 168 S.

Nr. 252 **Daßler, A., Elektrochemie I.** Mit 21 Abb. 1950. In Vorbereitung.

Nr. 253 — —, **II.** Mit 17 Abb. 1950. In Vorbereitung.

Nr. 256 **Haussner, R., Sammlung von Aufgaben und Beispielen zur analytischen Geometrie der Ebene.** Mit 22 Fig. Neudruck. 1949. 139 S.

Nr. 257 **Humburg, K., Die Gleichstrommaschine I.** Durchgesehener Neudruck. Mit 59 Abb. 1949. 102 S.

Nr. 342 **Körting, J., u. W. Körting, Heizung und Lüftung.** I. Das Wesen u. die Berechnung der Heizungs- u. Lüftungsanlagen. 8., verbess. Aufl. Mit 29 Abb. u. 14 Zahlentafeln. 1950. In Vorbereitung.

Nr. 343 — —, **II.** Die Ausführung der Heizungs- u. Lüftungsanlagen. 7. neubearb. Aufl. Mit 141 Abb. u. 8 Zahlentafeln. 1944. 126 S.

Nr. 354 **Valentiner, S., Vektoranalysis.** 7., wesentl. veränderte Aufl. Mit 19 Fig. 1950. In Vorbereitung.

Nr. 389 **Diels, L., Pflanzengeographie.** 4., verb. Aufl. Mit 1 Karte. 1945. 167 S.

Nr. 405 **Werkmeister, P., Praktisches Zahlenrechnen.** 4. Aufl. Mit 60 Fig. 1950. 136 S. In Vorbereitung.

Nr. 423 **Adler, A., Fünfstellige Logarithmen.** Mit mehreren graphischen Rechentafeln und häufig vorkommenden Zahlwerten. 2. Aufl. Neudruck. 1 Tafel. 1949. 127 S.

Nr. 432 **Borchers, H., Metallkunde.** I. Aufbau der Metalle und Legierungen. Mit 2 Tab. und 90 Abb. 2. Aufl. 1950. 110 S.

Nr. 445 **Asmus, E., Physikalisch-Chemische Rechenaufgaben.** 2. Aufl. 1949. 96 S.

Nr. 468 **Werkmeister, P., Vermessungskunde.** I. Stückmessung u. Nivellieren. 9. Aufl. Mit 145 Figuren. 1949. 172 S.

Nr. 469 — —, II. Messung von Horizontalwinkeln. Festlegung von Punkten im Koordinatensystem. Absteckungen. 7. Aufl. Mit 63 Fig. 1949. 151 S.

Nr. 483 **Henglein, M., Lötrohrprobierkunde.** Mineraldiagnose mit Lötrohr und Tüpfelreaktion. 3., verb. Aufl. Mit 11 Fig. 1949. 91 S.

Nr. 585 **Dehnert, H., Verkehrswasserbau I:** Entwurfsgrundlagen. Flußregelungen. Mit 52 Textabb. 1950. 102 S.

Nr. 589 **Tochtermann, W., Das Maschinenzeichnen mit Einführung in das Konstruieren.** I: Das Maschinenzeichnen. 4. Aufl. Mit 77 Tafeln. 1950. 156 S. In Vorbereitung.

Nr. 590 — —, II: Ausgeführte Konstruktionsbeispiele. 4. Aufl. Mit 58 Tafeln. 1950. 130 S. In Vorbereitung.

Nr. 597 **Dehnert, H., Verkehrswasserbau II:** Flußkanalisierungen u. Schiffahrtskanäle. Mit 60 Textabb. 1950. 92 S.

Nr. 668 **Knopp, K., Funktionentheorie I:** Grundlagen der allgemeinen Theorie der analytischen Funktionen. Mit 8 Fig. 7. Aufl. 1949. 139 S.

Nr. 691 **Fauser, O., Kulturtechnische Bodenverbesserungen.** I.: Allgemeines, Entwässerung. 4., neubearbeitete Aufl. 1947. 122 S.

Nr. 692 — —, II.: Bewässerung, Ödlandkultur, Umlegung. 4., neubearb. Aufl. 1948. 150 S.

Nr. 698 **Schulze, W., Allgemeine und physikalische Chemie.** II. Teil. 3., durchges. Aufl. Mit 36 Fig. 1949. 160 S.

Nr. 703 **Knopp, K., Funktionentheorie II.** Anwendungen und Weiterführung der allgemeinen Theorie. Mit 7 Fig. 7. Aufl. 1949. 130 S.

Nr. 711 **Kesselring, F., Theoretische Grundlagen zur Berechnung der Schaltgeräte.** 3. Aufl. Mit 92 Abb. 1950. 143 S. In Vorbereitung.

Nr. 718 **Neger, W. u. E. Münch, Die Laubhölzer.** 3., durchges. Aufl., herausgegeben von B. Huber. Mit 63 Fig. u. 7 Tab. 1950. 142 S. In Vorbereitung.

Nr. 768 **Bieberbach, L., Einführung in die konforme Abbildung.** 4. Aufl. Mit 42 Zeichnungen. 1949. 147 S.

Nr. 837 **Baumgartner, L., Gruppentheorie.** 2. Aufl. Mit 6 Fig. 1949. 115 S.

Nr. 862 **Werkmeister, P., Vermessungskunde.** III. Trigonometrische und barometrische Höhenmessung. Tachymetrie und Topographie. 6. Aufl. Mit 64 Fig. 1949. 147 S.

Nr. 877 **Knopp, K., Aufgabensammlung zur Funktionentheorie.** I. Aufgaben zur elementaren Funktionentheorie. 4. Aufl. 1949. 135 S.

Nr. 878 — —, II. Aufgaben zur höheren Funktionentheorie. 4. Aufl. 1949. 151 S.

Nr. 881 **Humburg, K., Die Gleichstrommaschine II.** Mit 38 Abb. Durchgesehener Neudruck. 1949. 98 S.

Nr. 931 **Hasse, H., Höhere Algebra I.** Lineare Gleichungen. 3. Aufl. 1950. 160 S. In Vorbereitung.

Nr. 932 — —, II. Gleichungen höheren Grades. 3. Aufl. Mit 5 Fig. 1950. 158 S. In Vorbereitung.

Nr. 952 **Schäfer, W., Transformatoren.** 2. Aufl. Mit 74 Abb. 1949. 128 S.

Nr. 972 **Herter, K., Vergleichende Physiologie der Tiere I:** Stoff- und Energiewechsel. 3. Aufl. Mit 64 Abb. 1950. 155 S.

Nr. 973 — —, II.: Bewegung und Reizerscheinungen. 3. Aufl. Mit 110 Abb. 1950. 148 S.

Nr. 984 **Graf, O., Die wichtigsten Baustoffe des Hoch- u. Tiefbaues.** 3., verb. Aufl. Mit 58 Abb. 1947. 126 S.

Nr. 999 **Kamke, E., Mengenlehre.** 2., durchges. Aufl. Mit 6 Fig. 1947. 160 S.

Nr. 1002 **Jander, G., u d K. F. Jahr, Maßanalyse.** Theorie und Praxis der klassischen und der elektrochemischen Titrierverfahren. Band 2. 5. Aufl. Mit 24 Fig. 1948. 139 S.

Nr. 1057 **Roth, W. A., Thermochemie.** 2., verbess. Aufl. 1947. 109 S.

Nr. 1070 **Sauter, F., Differentialgleichungen der Physik.** 2. Aufl. Mit 16 Fig. 1950. 148 S.

Nr. 1082 **Hasse, H., Aufgabensammlung zur höheren Algebra.** 2. Aufl. 1950. In Vorbereitung.

Nr. 1084 **Nußelt, W., Technische Thermodynamik.** I.: Grundlagen. 3., verbess. Aufl. Mit 71 Abb. 1950. 144 S. In Vorbereitung.

Nr. 1092 **Wickop, W., Fenster, Türen, Tore aus Holz und Eisen.** 3., überarbeitete und ergänzte Aufl. Mit 96 Abb. 1949. 154 S.

Nr. 1109 **Knopp, K., Elemente der Funktionentheorie.** 3. Aufl. Mit 23 Fig. 1949. 144 S.

Nr. 1110 **Schulz, G., Formelsammlung zur praktischen Mathematik.** Durchgesehener Neudruck. Mit 10 Abb. 1945. 147 S.

Nr. 1127 **Hartmann, M., Geschlecht und Geschlechtsbestimmung im Tier- und Pflanzenreich.** 2. Aufl. Mit 62 Abb. 1950. In Vorbereitung.

Nr. 1128 **Buchner, P., Symbiose der Tiere mit pflanzlichen Mikroorganismen.** 2., verb. u. vermehrte Aufl. Mit 121 Abb. 1949. 130 S.

Nr. 1131 **Scholz, A., Einführung in die Zahlentheorie.** Neudruck. 1945. 136 S.

Nr. 1132 **Frühauf, G., Überspannungen und Überspannungsschutz.** Neudruck. Mit 98 Abb. 1950. 122 S.

Nr. 1134 **Kuckuck, H., Pflanzenzüchtung.** 2., durchges. Aufl. Mit 12 Abb. 1944. 125 S.

Nr. 1137 **Heil, H., Entwicklungsgeschichte des Pflanzenreiches.** 2. Aufl. Mit 94 Abb. 1950. In Vorbereitung.

Nr. 1138 **Hämmerling, J., Fortpflanzung im Tier- und Pflanzenreich.** 2., ergänzte Aufl. Mit 101 Abb. 1950. 135 S. In Vorbereitung.

Nr. 1141 **Koller, G., Hormone.** 2. Aufl. Mit 60 Abb. u. 19 Tab. 1949. 187 S.

Nr. 1146 **Humburg, K., Die synchrone Maschine.** Mit 79 Bildern. 1949. 109 S.

Nr. 1151 **Nußelt, W., Technische Thermodynamik. II.:** Theorie der Wärmekraftmaschinen. Neudruck. Mit 87 Abb. u. 32 Zahlentafeln. 1950. 144 S. In Vorbereitung.

Nr. 1152 **Dehnert, H., Verkehrswasserbau III:** Schleusen und Hebewerke. Mit 70 Textabb. 1950. 98 S.

Nr. 1155 **Schwartz, W., Grundriß der allgemeinen Mikrobiologie.** Band I. Mit 17 Abb. 1949. 104 S.

Nr. 1156 **Meinke, H.-H., Die komplexe Berechnung von Wechselstromschaltungen.** Mit 114 Abb. 1949. 160 S.

Nr. 1157 **Schwartz, W., Grundriß der allgemeinen Mikrobiologie.** Band II. Mit 12 Abb. 1949. 93 S.

Walter de Gruyter & Co., Berlin W 35

(386) MDV, Druckerei Luckenwalde 121. 120 000. 3. 50.

FSC
www.fsc.org
MIX
Papier | Fördert
gute Waldnutzung
FSC® C083411

Kolibri 360 GmbH
Ferdinand-Jühlke-Straße 7
99095 Erfurt, Deutschland
produktsicherheit@kolibri360.de